Michael Giefer

Zu Fuß ins Land des Dschingis Khan

HERDER spektrum
Band 5738

Das Buch

Im 13. Jahrhundert ist die Mongolei eine Weltmacht: Dschingis Khan und seine Nachfolger herrschen über ein Gebiet, das bis nach Europa reicht. Dieses Reich einmal zu durchwandern, von Nord nach Süd, vom Baikalsee bis in die Wüste Gobi, das ist das Ziel von Michael Giefer. Sein Weg führt ihn durch die Sehnsuchtslandschaften Sibiriens, durch Taiga, Gebirge, Schluchten, reißende Flüsse und winzige Dörfer, bis in die Traumlandschaften der Mongolei, dorthin, wo zu den Zeiten Dschingis Khans das Zentrum der Welt war. Wer langsam reist, sieht mehr, hört mehr, erlebt mehr: Michael Giefer erzählt vom Leben der einfachen Leute in einem vergessenen Teil Asiens, von Goldsuchern, Murmeltierjägern und Käserinnen, von Kamelen und Hirtenhunden, vom Glück und den Strapazen des Wanderns – und von den tausend Rezepten, die es in der Mongolei für Nudeln mit Hammelfleisch gibt.
Eine spannende Reise in eine unbekannte Welt.

Der Autor

Michael Giefer, geb. 1974, lebt als Lehrer, Diashow-Referent und Journalist in der Eifel. Er ist Co-Autor mehrerer Reiseführer und seine Reiseerzählungen erscheinen in vielen Zeitungen, Magazinen und Büchern – bei Herder spektrum in dem Band: „Freunde in der Fremde. Reisegeschichten aus aller Welt“ (5695). Mehr über seine Reisen im Internet unter: www.michael-giefer.de.

Michael Giefer

Zu Fuß ins Land des Dschingis Khan

Von Sibirien in die Mongolei

HERDER

FREIBURG · BASEL · WIEN

Gedruckt auf umweltfreundlichem, chlorfrei gebleichtem Papier
Originalausgabe

www.herder.de
Satz: Layoutsatz Kendlinger
Druck und Bindung: fgb · freiburger graphische betriebe 2006
www.fgb.de
Umschlaggestaltung und Konzeption:
R · M · E München, Roland Eschlbeck, Liana Tuchel
ISBN-13: 978-451-05738-0
ISBN-10: 3-451-05738-7

Inhalt

Vorwort

Vor acht Jahren sprach mich ein junger Mann nach einem Vortrag über meine Erfahrungen in der Wüste an und bat mich um Informationen über die Seidenstraße. Zusammen mit einem Freund plante er eine Radtour von Deutschland bis nach Peking entlang dieses bedeutenden alten Handelsweges. Das war meine erste Begegnung mit Michael, der im vorliegenden Buch seine Erlebnisse und Abenteuer auf einer Wanderung beschreibt, die ihn vom tiefsten und ältesten See der Erde, dem Baikalsee in Sibirien, quer durch die Mongolei bis in die Wüste Gobi führte. Angetrieben von der Idee, diese Strecke zu Fuß und aus eigener Kraft zu bewältigen, durchquert er ein Land, dessen Bewohner ihn allerorts mit großer Gastfreundschaft empfangen. Auf seinem langen Marsch über Gebirge und durch schier endlos scheinende Steppen und Wüsten kommt er der Seele dieses Landes näher. An den einsamen Zeltplätzen der Mongolen, an denen er vorbeikommt, lernt er die Nomadenkultur eines Volkes kennen, das einstmals auf Pferderücken die halbe Welt eroberte. Feinfühlig beobachtet er das Leben der Mongolen von heute, die gezwungen sind, in einer veränderten Welt, hin- und her gerissen zwischen Tradition und Moderne, nach einer neuen Orientierung zu suchen. Michael beschreibt das Gehen als intensivste Form des Reisens mit all seinen Facetten, den Höhen und Tiefen, die er dabei durchlebt. Momente unbeschreiblichen Glücks und großer Freude wechseln mit Schmerz und Selbstzweifeln ab. „Tiefere Einsichten“ kommen ihn während der langen Wanderung nicht, wie er ernüchtert feststellt, an Aussichten hingegen mangelt es nie. Die Weite, die Einfachheit der Formen und Farben, der Himmel, der sich von Horizont zu Horizont spannt, erzeugen ein Gefühl grenzenloser Freiheit und lassen die Strapazen vergessen. Dennoch wird sein Durchhaltevermögen auf eine harte Probe gestellt. Doch da sind immer wieder die Begegnungen mit den Mongolen, die ihm neuen Mut geben.

Das Buch liest sich wie eine Liebeserklärung an ein Volk, das an Gastfreundschaft kaum zu überbieten ist, und an ein Land im Herzen Asiens, in dem Freiheit noch sichtbar ist.

Es gibt nur wenige Menschen, die dieses Land zu Fuß bereist haben. Was für ein unvergleichliches Erlebnis!

Bruno Baumann, im August 2006

1. Der Kopf des Lenin

Ulan-Ude für Anfänger

Karneval in der Eifel. Strahlendblauer Himmel, die Frühjahrssonne wärmt schon angenehm. Ich genieße gerade mit meiner Familie den Bad Münstereifeler Karnevalszug, der wie immer am Haus meiner Schwester vorbeiführt. Jedes Jahr treffen wir uns hier morgens zum gemeinsamen Frühschoppen, um danach, bewaffnet mit diversen Spirituosen, in der Stadt mitzufeiern.

Besonders überwältigt mich der Anblick der „Gruppe 15". In nachempfundener Nomadentracht zieht der Trupp als Mongolen verkleidet teils zu Fuß, teils hoch zu Ross vorbei. Es fehlen zwar die typischen Sättel und es mutet etwas seltsam an, Kamelle werfende Mongolen zu sehen, trotzdem lässt dieses unerwartete Schauspiel meine Gedanken so ausschweifen, dass der Rest des Zuges nur noch schemenhaft an mir vorbeizieht.

Bilder meiner letzten großen Reise in die Mongolei, einem Land, welches mich vor allem wegen seiner gastfreundlichen Menschen schon seit langem fasziniert, tauchen vor meinem inneren Auge auf. Ich wollte die Mongolei vom Norden nach Süden in drei Monaten zu Fuß durchqueren. Vom Baikalsee bis in die Wüste Gobi. Wenn ich geahnt hätte, welche Torturen sowohl physischer als auch psychischer Art mich erwarteten, wäre ich vielleicht etwas weniger blauäugig an die Sache herangegangen. Trotzdem will ich dieses Erlebnis um nichts auf der Welt missen.

Die alte Propellermaschine landet auf dem kleinen Flughafen von Ulan-Ude, Hauptstadt der autonomen Republik Burjatien, die zur Russischen Föderation zählt. Dicke, graue

Regenwolken hängen dicht über den Hügeln außerhalb des Stadtzentrums. Es ist kühl. Leichter Nieselregen fällt lotrecht aus dem sibirischen Himmel. Zusammen mit den anderen Passagieren gehen wir zu Fuß über die grau asphaltierte Landebahn, Burjaten, Russen und einige westliche Touristen. Frank, Chemiker im Institut für Biochemie der Sporthochschule Köln, hat schon einige Radexpeditionen in Asien und Alaska unternommen und überragt mit seinen fast zwei Metern alle anderen. Sein Schädel ist kahl rasiert; nur ein Haarbüschel, zu einem kleinen Zopf am Hinterkopf geflochten, erinnert an seine frühere Haarpracht. Frank wird mich die ersten zwei Wochen durch Sibirien begleiten.

Als er in der kleinen Wartehalle des Flughafens seinen Rucksack in Empfang nimmt, treffen wir Olga wieder, die während des Fluges vor uns saß. Sie spricht hervorragend Englisch, ist 34 Jahre alt, Burjatin und wohnt in Ulan-Ude.

„Ihr wollt bestimmt ins Stadtzentrum? Dann fahrt ihr am besten mit dem Bus. Ich muss auch in die Stadt."

In den Kleinbus zwängen wir uns mit unserem sperrigen Gepäck unter die Einheimischen. Als wir losfahren, sind wir zu zwölft in einem Bus mit zehn Plätzen. An der nächsten Haltestelle steigen zwei weitere dazu. Holpernd geht es auf der schlechten Straße durch die Außenbezirke der Stadt. Olga lächelt. Sie sitzt mir genau gegenüber. Im Stadtzentrum steigen wir mit Olgas Telefonnummer und einer Hotelempfehlung in der Hand aus. Abends will sie sich mit uns treffen.

Ulan-Ude hat etwa 460 000 Einwohner. Wir sind erstaunt, wie viele Burjaten wir auf der Straße sehen, denn die burjatische Urbevölkerung, die zu den Mongolen zählt, machen nur 25 Prozent der Einwohner des Landes aus. Sie lassen durch ihr Aussehen die Stadt asiatischer erscheinen, als sie in Wirklichkeit ist.

Durch den Vertrag von Kiakhta aus dem Jahre 1727 zwischen China und Russland gerieten die mongolischen Burjaten, die östlich, westlich und südlich des Baikalsees lebten und immer noch leben, in russisches Herrschaftsgebiet. Dieser Teil Sibiriens ist fast so groß wie Deutschland und schließt den Baikal zu zwei Dritteln ein. Über 42 000 Burjaten leben noch insgesamt um den südlichsten Teil des Baikalsees. Während der Sowjetzeit wurde den Burjaten das Benutzen der eigenen mongolischen Sprache erschwert. Erst seitdem Russland 1992 den Burjaten in ihrer Mongolenrepublik Autonomierechte zuerkannt hat, können sie ihre eigenen Interessen vertreten und ihre Kultur und Sprache pflegen.

Wir folgen der Wegbeschreibung, gehen vorbei an einem riesigen stählernen Leninkopf, dem größten in der gesamten Ex-Sowjetunion. Die Straße führt bergab, kurz vor der Fußgängerzone teilt sie sich. Wir biegen rechts ab und stehen vor dem Hotel, das uns empfohlen wurde. Die Frau an der Rezeption spricht kein Wort Englisch. Wir verweisen auf den OVIR-Stempel, den wir unbedingt bekommen müssen. Erst damit sind wir offiziell in Russland registriert. OVIR steht für „Otdel Vis i Registratsii" und dient zur weiteren Registrierung ausländischer Besucher in Russland nach der Einreise. Zum Glück sind auch Hotels befugt, diese Registrierung vorzunehmen. Als wir den Stempel bekommen, bringen wir die Rucksäcke aufs Zimmer und suchen schnell den Weg zum Bahnhof. Morgen wollen wir mit dem Zug zum Südufer des Baikal aufbrechen. In der Nähe der Stadt Baikalsk soll unsere Wanderung beginnen. Das Ziel liegt 2500 Kilometer weiter im Süden: Es sind kaum mehr als Mauerreste zu erkennende Fragmente der Großen Mauer, meist Lehmwände, die von ihrer Umgebung nicht als solche auszumachen sind, sie stehen im mongolischen Teil der Südgobi, etwa 160 Kilometern südlich von Dalanzadgad entfernt. Diese Artefakte aus der chinesischen Han-Dynastie gehören zu den ältesten Mauerstücken und sind über 2200

Jahre alt. Meine Wanderung will ich nicht nur geografisch eingrenzen, indem ich vom ältesten, tiefsten und wasserreichsten See der Erde bis in die am nördlichsten gelegene und kälteste Trockenwüste unseres Planeten zu Fuß marschiere, sondern auch kulturell. Der Plan ist, das ursprüngliche Siedlungsgebiet der mongolischen und türkischen Stämme, die Dschingis Khan Anfang des 13. Jahrhunderts zu einem Volk einte, von Nord nach Süd zu durchwandern. Eine besseres Ziel als die Große Mauer kann es nicht geben.

Auf der Anzeigetafel im Bahnhof entziffern wir die kyrillischen Buchstaben und kontrollieren die Abfahrtszeiten der einzelnen Züge, die in unsere Richtung fahren. Als wir uns die günstigste Verbindung herausgesucht haben, reihen wir uns in die lange Schlange vor dem Fahrkartenschalter ein. Wir sind die einzigen Ausländer. Obwohl die Frau am Schalter uns schlecht versteht, schaffen wir es, zwei Tickets bis nach Vydrino für den übernächsten Tag zu lösen, dem letzten Ort am Südufer des Baikalsees in der autonomen burjatischen Republik. Zufrieden kaufen wir etwas zu essen für die nächsten Tage ein und gehen dann in die Innenstadt.

Die Fußgängerzone ist verkehrsberuhigt. Kein Auto belästigt die Einkaufenden, wie bei uns in Deutschland. Links und rechts entdecken wir Elektro- und Lebensmittelläden, Boutiquen, einige Bars, Restaurants und Banken. Viele junge Leute schlendern über die breiten Pflaster, hagere Russen, hübsche Burjatinnen, Asiaten und Europäer. Wir setzen uns in eins der vielen Straßencafés, bestellen ein Bier und schauen den Menschen zu. Aus kleinen Lautsprechern klingen die neuesten russischen Charthits. Es dauert nicht lange, da setzen sich zwei junge Russen zu uns an den Tisch. Wir sprechen Russisch und Englisch durcheinander und lachen viel. Das Gespräch ist schwierig, aber nicht unmöglich: Geht eine hübsche Frau an dem Café vorbei, verstehen wir uns auf Anhieb.

Am Nachmittag macht sich der Jetlag bemerkbar, wir werden müde und haben Hunger. In der Nähe des Cafés gibt es Pizza und einen halben Liter Bier für umgerechnet 80 Cent. Neben einigen jungen Leuten ist noch Platz. Sie sprechen alle ausgezeichnet Englisch. Endlich können wir uns mit Einheimischen unterhalten. Am Nebentisch spricht ein junges Paar Deutsch. Es sind Kathrin und Jan, zwei Studenten aus Berlin, die zum Wandern nach Sibirien gekommen sind.

Jan erzählt, dass er im Hotel Burjart, in dem sie wohnten, an diesem Morgen einem Mann im Aufzug mit einem gezielten Ellbogenschlag gegen die Nase das Nasenbein gebrochen habe. Wir schauen ihn alle mit großen Augen an. Während er in der Lobby Geld gewechselt habe, sei er von einem Mann beobachtet worden, der ihm schließlich zum Fahrstuhl gefolgt sei, vorbei am Sicherheitsmann, der vor den Fahrstühlen saß und eigentlich dafür zu sorgen hatte, dass ungebetene Gäste die Fahrstühle nicht benutzen. Im Aufzug habe ihn der Mann bedroht und Geld gefordert. Da habe er ihn mit einem gezielten Ellbogenschlag gegen die Nase außer Gefecht gesetzt. Oben habe das Sicherheitspersonal dann schnell reagiert: „Es hat nicht lange gedauert, da wurde der Mann von dem Sicherheitsbeamten, der auf jeder Etage sitzt und Wache hält, in Gewahrsam genommen, bis die Polizei eintraf. Ein Verhör hat es nicht gegeben“, fährt er fort. „Ich glaube, den Blutfleck kann man immer noch im Aufzug sehen!“ „Aber das eigentlich Beeindruckende an dieser Geschichte ist“, wirft Kathrin ein, „dass uns so etwas ausgerechnet in einem großen Hotel mit Sicherheitspersonal passiert, wo wir doch schon seit Tagen wild zelten, sogar mitten in Dörfern.“

Plötzlich steht Olga vor uns. Etwas vorwurfsvoll blickt sie mich an und fragt: „Gibt es hier kein Telefon, oder warum hast du mich nicht angerufen?“

Ich antworte etwas kleinlaut und brumme Entschuldigungen.

„Schon gut!", unterbricht sie mich, „Du weißt, dass ihr mich immer anrufen könnt."

Kathrin und Jan bestätigen, dass die Abfahrtszeiten auf unserem Ticket in Moskauer Zeit angegeben sind. Statt um sechs Uhr abends fährt unser Zug fünf Stunden später. Demnach werden wir mitten in der Nacht am Baikalsee ankommen.

Es beginnt zu regnen. Wir verabreden uns mit den zwei Berlinern und Olga für den nächsten Tag. Kathrin und Jan gehen in ihr Hotel. Wir begleiten Olga zum Bus, kaufen noch vier Flaschen sibirisches Starkbier und setzen uns auf unseren Hotelzimmerbalkon. Der Regen wird immer stärker. Im Nebenzimmer feiern vier junge Russen. Frank erzählt Geschichten aus seinem Leben. Wir werden ein wenig melancholisch. Wir schauen in den Regen, trinken Bier und reden über Reisen, die Liebe und das Leben.

Der Schädel brummt, als ich wach werde. Frank atmet noch ruhig. Draußen regnet es immer noch. Die Tür zum Balkon steht sperrangelweit offen. Vom Nachbarbalkon könnte man ohne Probleme auf unseren Balkon herübersteigen. Ich taste nach meinem Reisepass und dem Geldbeutel, den ich letzte Nacht auf das kleine Nachtschränkchen neben meinem Bett gelegt habe. Erleichtert atme ich tief die kühle Regenluft ein.

Wir checken aus und bringen unsere Rucksäcke zu Kathrin und Jan ins Hotel. Die Rucksäcke wiegen jetzt über 25 Kilogramm. Sie sind vollgestopft mit Essen für sechs Tage, dem Zelt, Schlafsack, Isomatte, Fotoausrüstung, Medikamenten, russischen Generalstabskarten und unserer Kleidung. Frank ist verkatert und legt sich in Kathrins Hotel hin. Wir anderen gehen ins Hotelrestaurant frühstücken.

Während der Nacht hat sich die Fußgängerzone in einen riesigen See verwandelt. Kaum ein trockenes Fleckchen ist auffindbar. Mit nassen Füßen erreichen wir das Fast-Food-Restaurant, in dem wir uns für heute mit Olga verabredet haben. Sie will uns bei den letzten Vorbereitungen helfen. Jan braucht neue Wanderschuhe, wir müssen unser Zugticket umbuchen, weil Frank gemerkt hat, dass wir eine Station später aussteigen müssen, und ich benötige dringend Spiritus für den selbstgebauten Kocher. Olga ist die Frau des Tages: Dank ihr kommt Jan zu hochwertigen neuen Wanderstiefeln, weil sie ein gutes Sportgeschäft kennt. Über ihre Mutter, die als Wissenschaftlerin in einem Labor arbeitet, kann sie einen halben Liter Spiritus besorgen, der ansonsten in größeren Mengen nicht zu erwerben ist. Zu groß ist die Gefahr, dass er mit Wasser oder Ähnlichem zum Trinken verdünnt wird. Nur unsere Zugtickets können wir nicht mehr umbuchen lassen. Das wäre einfach zu teuer. Zugfahren ist zwar billig in Russland, aber die Beratung in Kombination mit Sonderwünschen sehr teuer. Wir beschließen, uns einfach dumm zu stellen, falls wir vom Fahrkartenkontrolleur darauf angesprochen werden.

Als Dankeschön führen wir an diesem Abend Olga zum Essen in ein gutes chinesisches Restaurant aus. Wir sind die einzigen Touristen. Eine illustre Truppe 50-jähriger Russinnen ist erkennbar aufs Feiern eingestellt. Wir sitzen gerade vor dem mit Köstlichkeiten reich gedeckten Tisch, als einige der Frauen aufstehen und zu einer freien Fläche gehen, über der eine große Diskokugel hängt. Die eben noch leise aus den Lautsprechern ertönende Musik wird nun laut aufgedreht, und die ersten Frauen beginnen zu tanzen. Jan zückt die Kamera, um dieses ungewöhnliche Schauspiel festzuhalten. Im Rheinland wäre das außerhalb der Karnevalszeit wohl kaum denkbar.

Zurück im Hotel holen wir unsere Rucksäcke und verabschieden uns von Kathrin und Jan. Olga begleitet uns zum Bahnhof. Zum Abschied steckt sie mir einen kleinen, weißen Zettel zu. „Wenn du mal in Schwierigkeiten bist“, sagt sie lächelnd, „dann lies dir den Zettel durch“. Als wir abfahren, schaut sie dem Zug hinterher.

Wir liegen auf unseren Schlafpritschen im Liegewagen und versuchen zu schlafen. Draußen zieht die dunkle sibirische Landschaft an uns vorüber. Es regnet immer noch in Strömen. Tock, tock, tock klingt es dumpf, sobald der Zug die unregelmäßig verarbeiteten Verbindungen der einzelnen Gleisschwellen überfährt. Ich hole Olgas Zettel hervor. Darauf steht ein Gebet geschrieben – auf Deutsch: „Gibt es einen Beseitiger von Schwierigkeiten außer Gott? Spricht gelobt sei Gott. Er ist gut. Alle sind seine Diener. Und alle stehen durch sein Gebot.“ Es klingt etwas konfus, aber ich packe es zu meinen Wertsachen.

Es hat zu regnen aufgehört. Die grauen Wolken lösen sich auf und geben den Blick auf die leuchtenden Sterne frei. Kurz vor Vydrino geht die Fahrkartenkontrolleurin durch die Waggons, um diejenigen zu wecken, die an dieser Station aussteigen müssen. Frank und ich sitzen auf den Schlafliegen. Unsere Taktik ist klar. Die Schaffnerin kommt und sagt, dass der nächste Bahnhof der ist, der auf unseren Fahrkarten als Ziel angegeben ist. „Vydrino?“, schauen wir sie fragend an und machen ein möglichst verdutztes Gesicht. „Njet, njet, Morino, Morino“, wiederholt Frank. Er blickt die irritierte Russin mit großen Augen an und hält ihr die Karte vors Gesicht, um ihr den Ort darauf zu zeigen. Sie schüttelt den Kopf und sagt „Vydrino“. Wir zeigen auf unsere Tickets und versuchen ihr zu erklären, dass wir doch bis Morino gebucht haben und dass doch auf diesen Auszügen auch Morino stehen müsste. Nach einer Weile wird ihr das Hin und Her zu dumm und sie geht zum nächsten Passagier.

2. Andrei, Alexei und das Heilige Meer

Start am Baikalsee

Wir warten am Ende des Waggons. Der Zug hält. Frank und ich steigen auf die großen Steine, die die Gleise umfassen. Es ist 3.38 Uhr und stockdunkel. Franks Stirnlampe leuchtet uns den Weg. Wir sind in Morino, einem kleinen Dorf direkt am südlichen Ufer des Baikalsees in Burjatien, Sibirien, dem Ausgangspunkt unserer Wanderung. Der Weg vom Bahnhof zum See führt uns mitten durch das Dorf. Links und rechts sehen wir kleine Holzhäuser, ein verliebtes Paar kommt uns eng umschlungen entgegen. Wir grüßen. Wenige hundert Meter weiter sehen wir auch schon das Wasser des Baikalsees im Mondlicht schimmern. Ich fühle einen Moment der Freude und tiefer Zufriedenheit.

Am Ufer des größten Süßwasserreservoirs, des ältesten und tiefsten Sees der Erde, breiten wir unsere Isomatten auf den großen weißen Kieselsteinen aus und warten auf den Sonnenaufgang. Keine Stechmücke weit und breit.

Im Osten verfärbt die Morgensonne das Wasser des Sees langsam gelbrot. Frank wartet schon ungeduldig mit seiner Videokamera, um dieses Schauspiel zu filmen. Ich krame nach meiner Kamera und geselle mich schweigend zu ihm. Eine Fliege surrt um uns herum, dann die erste Stechmücke. In der Ferne hören wir das Knattern eines Außenbordmotors. Der Lärm kommt immer näher. 500 Meter von uns entfernt steuert der Fischer sein kleines Boot ans Ufer. Die Kamera läuft. Ich fotografiere. Im Westen bleibt mein Blick an einer dichten Wolkenformation hängen. Darunter erkenne ich eine große Fabrik. Die Luft ist klar. Das Wasser des Baikal, des „Baigal Noor“, wie die Mongolen das „Heilige

Meer" der Sibirier nennen, was soviel wie „Natursee" bedeutet, lässt die vielen runden Kieselsteine durchschimmern.

Dann fällt mein Blick auf zwei ältere Männer, die, nur mit Handtuch und Badehose bekleidet, aus der dicht bewachsenen Uferzone heraustreten. Einen Steinwurf weit von unserer Schlafstätte entfernt ziehen sie ihr einziges Kleidungsstück aus und gehen ins Wasser. „Das machen wir gleich auch", sage ich zu Frank, der gerade seine Kamera wegpackt. Die Männer bleiben nicht lange im Wasser. Wieder draußen, trocknen sie sich schnell ab, ziehen ihre Badehosen an und kommen auf uns zu. Wir verstehen ihre Worte zwar nicht, aber deren Bedeutung. Sie laden uns zum Frühstück in ihre Datscha ein. Wir zeigen auf das Wasser und geben ihnen zu verstehen, dass auch wir ein Bad nehmen wollen. Schließlich wollen wir uns nicht nur mit dem Anblick des großartigen Sees begnügen. Außerdem will ich zu Fuß vom Baikalsee in die Wüste Gobi gehen, also muss ich auch zumindest einmal in das Wasser des Baikal steigen. Während Alexei uns zusieht, wie wir uns der Kleider entledigen und auf wackeligen Beinen behutsam über die großen, runden Steine ins Wasser gehen, ist Andrei schon mal in das Sommerhaus vorausgegangen. Das Wasser ist erstaunlich warm. Das Ufer flach. Plötzlich macht Alexei eine schnelle Bewegung, rennt zu unseren Rucksäcken und sucht etwas. Wir sind schon auf dem Sprung, um aus dem Wasser zu laufen, als wir sehen, dass Alexei mit meiner Kamera in der Hand näher ans Ufer tritt und nur zwei Fotos von uns machen möchte. Danach legt er die Kamera vorsichtig zurück. Als wir aus dem Wasser kommen, leiht er uns sein Handtuch.

Der Weg zur Datscha führt über kleine Pfade durch den Wald. Auf halber Strecke kommt uns Andrei entgegen. Die Männer sind Ende 50 und arbeiten als Ingenieure in Irkutsk.

Sie sind beide durchtrainiert und wirken sehr gebildet. Als wir die Blockhütte mit dem großen Garten erreichen, ist der Tisch von ihren Frauen gedeckt. Auf großen Tellern stapeln sich Wurst- und Käsebrote sowie frisches Gemüse aus dem Garten. Als Getränke gibt es schwarzen Tee mit Milch und Kaffee. Kein einziger Tropfen Alkohol wird uns ausgeschenkt, worüber wir sehr froh sind. Unser Zeitplan ist eng und wir wollen nicht in einer sibirischen Datscha versacken. Am ersten August läuft mein russisches Visum aus. Bis dahin müssen wir die Grenze zur Mongolei erreicht haben.

Einige ihrer Enkel und Kinder spielen in der Sonne Karten, die anderen sitzen interessiert bei uns am Esstisch. Mit einigen Brocken Russisch, etwas Deutsch und Englisch unterhalten wir uns angeregt. Frank holt die Wanderkarten hervor und zeigt unseren beiden Gastgebern unsere geplante Route. Alexei und Andrei nicken zustimmend. Sie kennen den Weg.

Nach dem Frühstück begleiten sie uns ein Stück durch den Ort, damit wir den richtigen Pfad finden. Wir überqueren die Gleise der Transsibirischen Eisenbahn, die sich zwischen den dicht bewaldeten Gebirgszügen hindurchschlängelt. Bei warmen Temperaturen und herrlichem Sonnenschein scheint diese Idylle nichts stören zu können. Das verschlafene Dorf liegt ruhig zwischen Baikalsee und dem Hamar-Daban-Gebirge. Ich werfe noch mal einen Blick zurück zum See, kann ihn aber durch die einfachen Holzhäuser nicht entdecken. Jetzt geht es endlich los!

Nach einer Stunde verabschieden sich Andrei und Alexei, und wir gehen alleine weiter. War der Weg anfangs noch breit und ausgetreten, müssen wir ihn jetzt schon immer öfter suchen. Wir folgen dem Hara Murin flussaufwärts ins Gebirge und kommen nur schwer voran. Und dann stehen wir vor der ersten Entscheidung: Die Fußspuren vor uns führen geradewegs zum Fluss. Genau an dieser Stelle zwingt er sich mit tosender Gewalt durch eine Felsspalte. Dahinter ist er etwas ruhiger, aber immer noch reißend und mindestens 20 Meter breit. Hoch über der breiten Felsspalte liegt ein dicker Baumstamm quer. Frank kontrolliert die GPS-Daten. An dieser Stelle müssen wir den Fluss queren.

Ich setze meinen schweren Rucksack ab und schaue, ob es eine Möglichkeit gibt, über den Baumstamm auf die andere Seite zu gelangen. Als ich sehe, wie glitschig er ist, und in das tosende Wasser unter mir schaue, rufe ich Frank zu, dass wir ins Wasser müssen. Frank schielt auf meine Wanderstöcke. Ich grinse.

Er geht mit meinen Stöcken voraus, während ich am Ufer bleibe und das Ganze mit seiner Videokamera filme. Das Wasser geht ihm stellenweise bis zur Hüfte, demnach werde ich bis zum Bauch nass. Kurz vor dem gegenüberliegenden Ufer scheint die größte Schwierigkeit zu liegen. Mit aller Kraft stemmt sich Frank gegen das Wasser, das in weißen Fontänen an ihm heraufspritzt. Mit der linken Hand packt er ins Wasser und zieht sich an Land. Dort muss also eine Baumwurzel ins Wasser ragen. Den Rucksack setzt er drüben ab und kommt auf gleichem Weg zurück.

„Jetzt du“, fordert er mich auf. „Hier sind deine Stöcke. Ich suche mir einen langen Stock und komme nach“, sagt er und reicht mir meine Wanderstöcke. „Da hinten musst du etwas aufpassen.“ Mit dem rechten Zeigefinger zeigt er auf genau die Stelle, an der es am tiefsten ist. „Da hältst du dich am besten rechts vom großen Stein, der etwas aus dem Wasser herausragt, und versuchst, die Baumwurzel zu greifen. Dann hast du es gepackt.“

Ich ziehe mich aus und steige ins Wasser, die Stöcke fest umklammert. Langsam gehe ich voran. Es ist anstrengend. Vorsichtig setze ich einen Fuß vor den anderen, immer darauf bedacht, das Gleichgewicht zu halten, um nicht von den starken Wassermassen mitgerissen zu werden. Ohne Schuhe könnte man einen solchen Fluss nicht durchqueren. Jetzt sehe ich den Stein. Franks Instruktionen folgend, halte ich mich rechts davon und umgehe ihn. Das Gebirgswasser ist eiskalt. Mit aller Kraft stemme ich mich gegen die Gewalten des Flusses, dann ein vorsichtiger Schritt nach vorne. Ich ertaste mit der einen Hand die Wurzel im Wasser und stehe wenige Sekunden später an Land. Als Frank den Fluss zum zweiten Mal durchquert hat, will er noch ein Foto von mir machen, wie ich durch den Fluss gehe. Ich steige in voller Montur wieder zurück ins Wasser, gehe langsam und rückwärts zur tiefsten Stelle zurück und rufe „Jetzt!" Und komme mir etwas albern vor. Frank grinst. „Sonst glaubt dir ja keiner, wenn du zu Hause davon erzählst. Erst mit einem von uns im Fluss erkennt man, wie reißend und gefährlich solch eine Flussdurchquerung eigentlich ist."

Der Pfad auf dieser Seite des Flusses ist nicht besser. Wir folgen ihm noch ein Stück und machen an einer alten Feuerstelle für die kommende Nacht halt. Die winzigen, dafür ultraleichten Einmannzelte sind schnell aufgebaut. Nur wenige Mücken stören uns dabei. Frank kontrolliert die gelaufene Tagesleistung mit seinem GPS-Gerät in Luftlinienkilometern und markiert unseren Zeltplatz. Gerade mal 17 Kilometern weit sind wir gekommen! Nicht besonders viel für einen Tag, denke ich und lege mich direkt nach dem Abendbrot ins kleine Zelt schlafen.

Die erste Nacht in freier Natur in der ungewohnten sibirischen Umgebung ist unruhig. Immer wieder werde ich von Geräuschen wach und kann lange nicht wieder einschlafen. Endlich ist es hell. Es ist acht Uhr. Draußen nieselt es. Schuhe und Strümpfe sind während der Nacht nicht getrocknet. Auch während der folgenden fünf Tage werden wir mit nassen Schuhen und Socken herumlaufen. Ein kalter Schauer läuft mir über den Rücken, als ich in die nasskalten Socken schlüpfe. Aber es nützt nichts. Die trockenen Ersatzsocken brauche ich für die Nächte. Mehr als ein Ersatzpaar gibt es nicht.

Zum Frühstück gibt es Müsli, angerührt mit Wasser aus dem Fluss und mit Magnesium angereichertem Erdbeermilchpulver. Um zehn Uhr brechen wir auf. Der Jagdpfad entpuppt sich als Herausforderung. Immer wieder führt er durch das Wasser am Fluss entlang. Einige Male müssen wir über steile Felsen klettern und aufpassen, mit unseren Rucksäcken nicht das Gleichgewicht zu verlieren. An einer engen Passage gibt ein Stein unter meinem Standfuß nach. Ich falle einen Meter tief und krache mit der Hüfte auf einen anderen Felsen. Frank dreht sich schnell um und hilft mir, wieder aufzustehen. „Alles klar?“, fragt er. Ich nicke. Aber es tut weh.

Der Hara Murin ist gewaltig. Die dicht bewaldete Gebirgstaiga lässt unsere Blicke nicht weit fliehen. Nur wenn der Fluss mal keine Biegung macht, wird der Blick auf die schöne sibirische Landschaft frei. Mannshoher Farn und nasse Gräser wechseln ab mit felsigen Flussuferpassagen. In dem feuchten, kalten Regenwald wachsen lange Flechten von den Bäumen. Der Boden besteht zu einem großen Teil aus Moor und Sumpf. Oft versinken wir bis zu unseren Waden im Morast. Umgeknickte Bäume versperren uns immer wieder den Weg. Entweder klettern wir über sie oder unter ihnen hindurch. Ein neuer, etwas kleinerer Fluss dient uns nun als Wegweiser. Die Sonne scheint. Wenigstens von oben ist es trocken. Um die Mittagszeit erreichen wir einen herrlichen Lagerplatz. Wir rasten, nehmen ein Bad im eiskalten, klaren Wasser des Flusses und kochen zwei Trekkingmahlzeiten. Der Spirituskocher, den Matti, ein guter Freund, in Handarbeit gebaut hat, funktioniert perfekt. In wenigen Minuten kocht ein Liter Wasser. Frank ist davon hellauf begeistert. Fliegen surren um unsere Köpfe, als wir die Gulaschsuppe aus den Aluverpackungen löffeln. „Eigentlich nicht so übel, das Zeug hier", schmatzt Frank in seine Suppe hinein. „Nur die Aluverpackung ist nicht gerade so umweltverträglich." Wir nehmen uns vor, eine wasserfeste, essbare Verpackung zu erfinden, wenn wir zurück in der Eifel sind.

Nach dem Mittagessen verstauen wir den Müll in meinem Rucksack. Bevor ich ihn aufsetze, schaue ich mir die Hüfte näher an. Ein dicker roter Bluterguss hat sich dort nach dem Sturz von heute Morgen gebildet. Als ich den Hüftgurt stramm ziehe, spüre ich einen kurzen, stechenden Schmerz, der beim Wandern aber angesichts vieler anderer Anstrengungen nebensächlich wird.

Viele kleine Flüsse schlängeln sich durch die Berghänge. Wir waten einfach durch. Zweimal suchen wir den Pfad. GPS-Gerät, Karte und Kompass helfen uns, den richtigen Weg wiederzufinden. Mittlerweile folgen wir dem dritten Fluss. Die Strecke ist so anspruchsvoll, dass wir kurz vor Dunkelheit gerade einmal 13,7 Kilometern Luftlinie zurückgelegt haben. An einer kleinen Lichtung im Wald, etwa fünfhundert Meter oberhalb des Flusses, lassen wir uns auf den weichen Boden fallen und liegen eine halbe Stunde nur erschöpft da, bevor wir unser Biwak aufbauen. Der Blick auf die Karte lässt mich unruhig werden. Wenn wir weiter so langsam vorankommen, dann muss ich mir an der Grenze eine Geschichte einfallen lassen, weshalb ich das Land nicht rechtzeitig verlassen konnte. „Morgen kommen wir bestimmt besser voran", ermutigt mich Frank. „Wenn wir erst mal den Pass erreicht haben, dann sieht die Welt wieder anders aus."

Im Zelt spüre ich meine Beine, sie sind nach diesem Tag schwer geworden. Leichter Muskelkater zieht in den Oberschenkeln. Kniegelenke und Leiste zwicken von den vielen ungewohnten Bewegungen über die am Boden liegenden Baumstämme. Als ich mit meiner Hand in dem engen Zelt zu meinen Füßen greife, verkrampft sich die Wade. Am nächsten Morgen mische ich eine Portion Magnesium mehr in mein Müsli.

Als ich Frank vor der Tour in Köln besucht habe, um über die nötige Ausrüstung zu sprechen, lobte er seine Wanderschuhe über den grünen Klee: „Mit denen bin ich schon so viele Kilometer gewandert, die haben mich noch nie im Stich gelassen. Ich werde sie auch mit nach Sibirien nehmen, dann weiß ich wenigstens, dass ich keine Blasen bekomme." Jetzt sitzt er bei Nieselregen am Feuer und versucht, seine Schuhsohlen wieder an das Oberleder zu nähen. Eine zeitraubende Angelegenheit, die viel Geduld verlangt. Ich denke derweil an die grimmigen Gesichter der russischen Grenzsoldaten, die ungläubig meiner Entschuldigung lauschen werden, wenn ich erkläre, dass ich das Ausreisedatum verpasst habe, weil mein Begleiter im Gebirge seine Wanderschuhe flicken musste.

Je höher wir steigen, desto kleiner wird der Fluss. Der Pass ist noch nicht zu sehen. Wir haben den Pfad verloren und steigen auf einen kleinen, mit grünem Moos bewachsenen Hügel, um Überblick zu gewinnen. Aggressive Fliegen, die in Schottland „Mitchies" genannt werden, stören unsere Pause. Ein Blick vom Hügel in die Landschaft, dann zurück auf unsere Karte, auf die wir die Sattelitenkoordinaten übertragen haben, verrät uns, wohin wir gehen müssen: bergauf. Nach einer Weile ist die erste wichtige Hürde geschafft: Ein Owoo, ein spitz zulaufender Steinhaufen zu Ehren lokaler Erdgötter, markiert die Höhe des Passes. Wir erhöhen ihn mit einem schweren Stein und gehen nach traditioneller Weise im Uhrzeigersinn dreimal um ihn herum und legen bei jeder Umrundung ein Steinchen mehr auf den Owoo, um die Götter um eine gute Reise zu bitten.

Es ist kalt, und kein Fels schützt uns vor dem eisigen Wind. An unsere Rucksäcke gelehnt, kauern wir auf dem Boden und essen Mettwürstchen mit Brot. Als Nachtisch gibt es einen Schokoriegel. Tagesthema sind weiterhin Franks Schuhsohlen. Ich werde ihm abends ein paar Kabelbinder geben. Vielleicht helfen die.

Der Weg vom Pass ist nun deutlicher zu erkennen. Es geht leicht bergab. Die Vegetation hat sich auch geändert: Es wachsen keine hohen Bäume mehr, dafür kleinere Sträucher und Krüppelkiefern. Der Boden ist nach wie vor sehr nass und schlammig. Stellenweise versinken wir bis zu den Knien im Sumpf und Matsch. Der zweite Pass ist nicht mehr weit. Sumpf und Moor weichen Resten einer alten, mit kleinen Baumstämmen befestigten Straße.

„Irgendwann muss es hier eine befestigte Piste über das Gebirge gegeben haben, die die Steppen der Nordmongolei im Süden mit dem Baikal im Norden verbunden hat", mutmaßt Frank. „Ein alter Handelsweg vielleicht." Auf einem halbmorschen Balken sind sogar noch Wagenspuren zu erkennen.

Auf dem zweiten Pass hängen bunte Stofffetzen an einer Kiefer. Ein steinerner Owoo mit den Resten eines alten Fahrrades und einer kleinen Flagge begrenzt die alte Straße, der wir jetzt so lange wie möglich folgen. Endlich kommen wir gut voran. Die Sonne scheint wieder und wir haben einen weiten Ausblick in die Gebirgslandschaft. Links und rechts wachsen unzählige bunte Blumen. Große, farbige Schmetterlinge und andere Insekten fliegen von einer Blüte zur nächsten. Ein weites, grünes Tal erstreckt sich vor uns. Die alte Straße ist nicht mehr zu erkennen. Wir bahnen uns einen Weg durch die dicht stehenden kniehohen Sträucher. Es ist schon erstaunlich, wie schnell sich die menschlichen Sinne an eine völlig fremde Umgebung anpassen und aufmerksam jede Unregelmäßigkeit im Gelände registrieren.

Verloren geglaubte Instinkte treten zum Vorschein. Obwohl kein Pfad zu erkennen ist, stoßen wir Stunden später wieder auf Reste des alten Handelsweges. Auf der anderen Seite eines kleinen Flusses entdecken wir den schönsten Zeltplatz unserer Wanderung: Große Kiefern stehen frei auf einer Wiese, in der Mitte eine vermutlich von Jägern angelegte Feuerstelle. Wir sammeln Brennholz und stellen die Zelte auf. Während ich zum Waschen an den Fluss schlendere, macht sich Frank mit Zange, Messer und vier kleinen Kabelbindern an seinen Schuhen zu schaffen. Mittlerweile hängen beide Sohlen wie lange Zungen eines hechelnden Hundes vom Schuh herunter. Was passiert wohl, wenn sich seine Schuhe komplett verabschieden? Soll er dann barfuß durch die Taiga gehen?

3. Ein Tag am Moor

Sibirien – unterwegs im Hamar-Daban-Gebirge

Verkohlte Bäume stehen als stumme Zeugen eines verheerenden Waldbrandes neben der Piste. Durch die schwarz verkohlten Baumstümpfe ist zum ersten Mal das Hamar-Daban-Gebirge zu sehen. Grüner Fichtenwald erstreckt sich über die endlos erscheinende Gebirgslandschaft. Oft bleiben wir einfach stehen und genießen die Landschaft und die Ruhe um uns herum. Es geht bergauf und bergab. Die Fahrspuren der alten Straße sind deutlich in der Wiese zu erkennen. Wasser und Matsch haben sich darin gesammelt. Das Wandern wird anstrengend. Mittlerweile haben wir uns daran gewöhnt und versuchen gar nicht mehr, den Wasserläufen oder dem Matsch auszuweichen, es wäre aussichtslos. Unglaublich üppige Blumenwiesen und wunderschöne Falter entschädigen für die Mühen. In der Ferne entdecken wir einen dunklen Kasten, der sich beim Näherkommen als Jagdhütte entpuppt. Über dem Eingang prangt ein großes Hirschgeweih. Drinnen ist es unaufgeräumt. „Jetzt wissen wir auch, warum wir bisher kein Großwild gesehen oder gehört haben. Noch nicht einmal Wölfe haben uns ja bisher in den Schlaf geheult. Sie sind wohl abgeknallt worden. Sieht nach einem Jagdgebiet aus“, sinniert Frank.

Ein wenig weiter steht eine alte, zerfallene Hofanlage. Wir folgen Pferdespuren, die bis zu einem Fluss führen. Frank schaut mich fragend an, wirft einen Blick auf Karte und-GPS-Gerät und wendet seinen Blick dem in mehrere Arme aufgeteilten reißenden Strom zu.

„Da müssen wir wohl rüber“, sagt er zu mir. „Unser Weg verläuft irgendwo dort hinten auf der anderen Seite des Flusses.“ Die ersten Flussarme stellen kein größeres Problem dar. Der letzte bereitet uns allerdings Kopfzerbrechen. Er sieht nicht nur sehr gefährlich aus, er ist es auch. Von einer Brücke ist weit und breit nichts zu sehen. Wir drehen um. Ein Überqueren ist hier nicht möglich. Also weiter flussaufwärts auf der Suche nach einer ungefährlicheren Stelle.

„Hier müsste es gehen", mit ausgestrecktem Arm weist Frank auf eine Stelle, an der der Fluss sich seinen Weg um eine kleine Insel bahnt. Am Ufer liegt viel Treibholz. Schwere Baumstämme türmen sich zu Barrikaden auf. Frank packt seine Video- und meine Spiegelreflexkamera in seinen Rucksack. Er will vorgehen und mich vom anderen Ufer aus filmen und fotografieren.

Mit einem Teleskopwanderstock in der Hand stapft er los. Frank hat kaum den halben Weg zur Insel geschafft, als plötzlich das Wasser sprudelnd an ihm hochspritzt. Sein Stock ist in sich zusammengerutscht, er schwankt, schaut sich in alle Richtungen um, „Ich verliere den Halt", brüllt er über das Wasser, das mehr Kraft hat, als wir es dem Fluss ansehen konnten. Wankend stemmt er sich mit all seiner Kraft gegen die Strömung. Dann sehe ich ihn von der Wucht des Wassers umgerissen im Fluss liegen und langsam abtreiben. Zum Glück trägt ihn der Rucksack, so dass er nicht völlig untertaucht.

Ich greife nach einem langen Stück Treibholz und springe zum Ufer, wo der Fluss weniger Strömung hat, aber fast zwei Meter tief ist, und halte Frank den Stock entgegen und brülle: „Hier, versuch den Stock zu packen!" Mit großer Kraftanstrengung ergreift er mit einer Hand das Holz, und ich kann ihn an Land ziehen. Nach Luft ringend, noch unter Schock und triefend nass, liegt er am Ufer und keucht „Jetzt brauche ich eine Zigarette!"

Am Himmel braut sich ein Gewitter zusammen, die ersten Blitze zucken. Als die ersten Tropfen kommen, überfallen uns Schwärme von Mücken. Mit ihrem aggressiven Surren rauben sie mir den letzten Nerv. Das dunkle Licht taucht die Landschaft in eine trostlose Stimmung. Auf einem dicht bewaldeten Hügel zwischen umgestürzten Bäumen suchen wir eine Stelle, um unsere Zelte aufzuschlagen. Es gelingt uns trotz des Regens, mit Birkenrinde ein Feuer zu entfachen, an dem Frank seine nassen Kleider trocknen will.

Wir fühlen uns ein wenig wie die russischen Kosaken, die im 16. Jahrhundert in langen, gefährlichen und entbehrungsreichen Expeditionen Sibirien eroberten und erschlossen. 1558 erhielt die russische Unternehmerfamilie Stroganov von Zar Iwan IV. wirtschaftliche Privilegien und Landbesitz im bis dahin noch unerschlossenen Gebiet von Perm und an der Karma. Die Familie, die durch Salzgewinnung reich geworden war, bekam sogar das Recht auf eine Privatarmee. Die dazu angeheuerten Kosaken erschlossen unter Jermak Timofejewitsch weite Teile des riesigen Landes. Kosakenverbände bauten Stützpunkte und drangen Mitte des 17. Jahrhunderts bis zum Baikal und weiter bis an den Pazifischen Ozean vor.

Die Nacht ist ungemütlich. Das Gewitter ist ganz in der Nähe. Alle paar Minuten erhellen grelle Blitze das Zeltinnere. Der dröhnende Donner ist furchterweckend. In der Nähe kippt ein morscher alter Baum mit lautem Krachen ins Unterholz. Der Gedanke, dass jederzeit ein Baum auf unsere Zelte fallen kann, lässt mich kaum schlafen. Frank ist erkältet und schnäuzt laut in ein Taschentuch. Gegen Morgen legt sich das Getöse und es wird ruhig im Wald. Aber nicht lange, bald begrüßen die ersten Singvögel aufgeregt zwitschernd die aufgehende Sonne.

Der Pfad führt wieder zum Ufer. Die starken Regenfälle von letzter Nacht haben das Wasser erschreckend stark ansteigen lassen. Frank kontrolliert auf der Karte unsere

Position. „Ich bin mir nicht ganz sicher, ob wir hier schon über den Fluss müssen, aber hier hört schließlich der Weg auf."

Diesmal erkunde ich den Weg. Nackt, nur mit den beiden Wanderstöcken bewaffnet, trete ich in den reißenden Fluss. Ich gehe vorsichtig, taste mich Schritt für Schritt vor. An einigen Stellen reicht mir das Wasser bis zur Brust. Ich bin froh, keinen Rucksack auf dem Rücken zu tragen. Falls ich den Halt verlieren sollte, denke ich, kann ich zur Not noch schwimmen. Auf der anderen Seite angekommen, schlage ich mich durch das Dickicht und suche nach Spuren im morastigen Untergrund, die auf die Fortsetzung des Pfades hindeuten. Ich finde nichts. Das Dickicht ist undurchdringlich. Nach wenigen Minuten kehre ich zum Ufer zurück und steige ein zweites Mal ins eisige Wasser. Ich bewege mich seitlich zur Strömung, um der Gewalt des Wassers nicht zu viel Angriffsfläche zu bieten. Plötzlich erwischt mich eine starke Strömung, ich wanke, verliere den sicheren Stand und werde von den tosenden Wassermassen umgeworfen. In jeder Hand einen Stock, die ich unter keinen Umständen verlieren darf, versuche ich mich über Wasser zu halten, versuche zu schwimmen, irgendwo Grund unter den Füßen zu spüren. Etwa zehn Meter werde ich von der Strömung mitgerissen, liege wie ein Käfer wehrlos auf dem Rücken. Ich kämpfe mit dem Fluss, als sei er eine große Anakonda, die mich im Würgegriff hält und nicht mehr freigeben will. Mit dem Rücken schlage ich gegen einen Felsen, wie ein Stück Treibgut. Der Aufprall schmerzt. Das einzig Gute daran ist, dass ich zum Stillstand komme und mich wieder aufrichten kann. Meine Wildwasserfahrt ist gestoppt, es gelingt mir, bis zum Ufer zu kommen. Jetzt weiß ich, wie sich Frank gestern gefühlt hat.

Bis auf ein paar offene Schrammen und einen Bluterguss

bin ich unversehrt. „Da hat man ja gar keine Chance“, schnaufe ich. „Das ist eben kein Sonntagsausflug, den wir hier machen!“, grinst Frank. „Wie sieht es denn auf der anderen Seite aus? Hast du Spuren entdecken können?“ „Nichts, keine Chance. Das Pferd muss an dieser Stelle bloß getrunken haben. Außerdem kommen wir hier mit unserem Gepäck nicht heil über den Fluss.“ „Hm“, überlegt Frank, während ich mir das Wasser mit der Hand vom Körper wische und mich anziehe. „Dann geht der Weg wohl doch noch ein Stück auf dieser Seite entlang. Irgendwo kommen wir dann schon über diesen Fluss rüber.“

Dichtes Dickicht und steiniges Geröll lassen uns nur langsam vorankommen. Viele Mücken umsurren uns. Dafür stoßen wir wieder auf die Pferdespuren. Zwei Kilometer flussabwärts führt der Pfad endgültig ans gegenüberliegende Flussufer. Hier ist das Wasser seicht, der Fluss breit und ohne Bedenken passierbar.

Franks Schuhsohlen halten. Als Preis dafür drücken die Kabelbinder auf seine Zehen. An meinen neuen Wanderschuhen hingegen lösen sich die Nähte aufgrund der Feuchtigkeit nach und nach auf. Ich mache mir Sorgen, schließlich will ich mit ihnen noch weitere 2500 Kilometer laufen.

Als ehemaliger Orientierungsläufer glaubt Frank den richtigen Weg auch ohne Kontrolle durch das GPS-Gerät, alleine mit Karte und Kompass, zu finden. In dem dicht bewaldeten Gebiet folgen wir einem schmalen Tal, gehen querfeldein hinauf zu einem Pass. Der Blick von oben auf das Hamar-Daban-Gebirge mit seinem hohen Waldbestand ist traumhaft schön. Nach einer kurzen Rast machen wir uns an den Abstieg. Wir laufen den steilen Abhang hinunter. Kleine Krüppelkiefern und beerenlose Blaubeersträucher bilden auf dem moosigen Untergrund kleine Hindernisse. Nach fünfzehn Minuten hält Frank inne. Er blickt auf seinen Kompass und ruft: „Stop, wir gehen schnurstracks nach Norden. Wir müssen aber nach Südwesten über diesen Grat dort oben ins nächste Tal hinein, sonst drehen wir uns im Kreis."

Also stapfen wir den steilen Berg wieder hinauf. Das Gehen über das weiche Moos ist eine Qual. So angenehm federnd es beim Bergablaufen war, so störend gibt es beim Aufstieg nach. Völlig müde erreichen wir eine ganze Stunde später den Grat. Frank fühlt sich schlapp. Auch ich bin platt. Oben angekommen, geht es wieder bergab, auf den nächsten Kamm rauf und ins richtige Tal wieder runter. Wertvolle Zeit haben wir dadurch verloren. Die Essensvorräte reichen noch für zwei weitere Tage. Wir hoffen, dass wir spätestens am dritten Tag eine Siedlung erreichen, wo wir unsere Vorräte auffrischen können.

Die Temperaturen fallen in der Nacht auf knapp über den Gefrierpunkt. Der August steht vor der Tür, und damit ist der Sommer in Sibirien vorbei. Nach einem kurzen Herbst wird schnell der kalte Winter folgen, um das Land für acht Monate in seinen Fängen zu halten. Spätestens im September fällt der erste Schnee. Die Temperaturen sinken dann bis Januar auf minus 50 Grad Celsius. Im Hochsommer steigen sie hingegen auf über 40 Grad, wie es in diesem Jahr der Fall war. Aber von Sommer ist jetzt keine Rede mehr. Es regnet. Wir gehen durch Sumpf, mitten durch den Wald, dann öffnet sich das Gelände und macht einem Moor Platz, wie ich es vom Hohen Venn in der Eifel kenne. Dort gibt es Holzstege für Wanderer. Hier in Sibirien laufen wir mitten durch den Sumpf. Die Füße spüre ich kaum noch, so kalt ist das Wasser. Für einen Kilometer brauchen wir eine halbe Stunde. Dafür ist der Blick auf die weite Moorlandschaft atemberaubend. Die tief hängenden, grauen Regenwolken dämpfen die Sonnenstrahlen und tauchen die Landschaft in ein stimmungsvolles Licht. Es sieht mystisch aus. Ich muss an „Herr der Ringe" denken, an Frodo und Sam, wie sie auf ihrer langen Wanderung durch Mittelerde die unterschiedlichsten Gegenden durchqueren.

Irgendwann liegt das Sumpfgebiet endgültig hinter uns. Die Landschaft auf der anderen Seite des Flusses reizt durch eine mit hohen Gräsern bewachsene Prärie. Pferde grasen in der Nähe und beäugen uns aus sicherer Entfernung. Wo Pferde weiden, ist der Mensch nicht weit. Spätestens morgen werden wir das erste Dorf erreichen.

Zum ersten Mal ist unser Pfad so breit wie eine einspurige Straße. Holzbalken auf dem Boden und eine eingestürzte hölzerne Brücke über einem schmalen Bach lassen einen befestigten Weg deutlich erkennen. Erste Fahrspuren eines Traktors kündigen die Nähe von Menschen an. Ab und zu scheuchen wir große Moorhühner auf. Laut gackernd fliegen sie kurz hoch, um sich dann vom Wind und wenigen Flügelschlägen ein Stück weitertragen zu lassen, nur um bei unserem nächsten Erscheinen wieder davon zu fliegen.

Zwei Stunden vor Einbruch der Dunkelheit schlagen wir abseits der Piste im Wald unser Nachtlager auf. Wir kramen die letzten Essensvorräte hervor. In dieser Nacht träume ich wieder von meiner Freundin, von Zuhause, der Familie und von Freunden. Meine Träume auf solchen Reisen sind eigenartig, sehr bildhaft und lebendig. Häufig dreht es sich um Liebe und Geborgenheit, um nahe stehende Personen, die auf mich warten, sich Sorgen machen und um meine Heimat, die Eifel. Es sind angenehme Träume, die mir nachts ein wenig Geborgenheit geben. Dann gibt es da noch den immer wiederkehrenden Versagenstraum: Aus irgendwelchen Gründen muss ich meine Wanderung abbrechen oder unterbrechen. Dann bin ich im Traum plötzlich zurück in Deutschland, weil Familienfest zu feiern ist. Ich befinde mich unter den Gästen und erkläre jedem, dass ich eigentlich in Asien unterwegs sein müsste, meine Reise aber wegen dieser Feier unterbrochen habe und am nächsten Tag wieder zurück auf der Wanderstrecke sein werde.

Am nächsten Morgen machen wir uns ohne Umweg über die Eifel auf den Weg. Auf einem kleinen Pass steht ein mit bunten Tüchern geschmückter Baum. Darunter glänzen in der Vormittagssonne unzählige Wodkaflaschen. Alles zu Ehren der hier ansässigen Götter. Ein Owoo, diesmal nicht aus Steinen. Nach mongolischem Glauben ist die ganze Natur von Gottheiten beseelt.

Grüne Almwiesen und dichter Wald an den Gebirgshängen erinnern uns an das Alpenvorland. Lediglich die fingergroßen fast schwarzen Heuschrecken, die, von uns aufgescheucht, mit lautem Klackern in die Luft fliegen, gibt es in den Alpen nicht. Frank sagt mir voraus, dass sie mich wahrscheinlich die restliche Wanderung begleiten werden. Auf seiner Fahrradtour im Jahr zuvor seien ihm die Insekten immer wieder entgegen geflogen.

Endlich, nach sechs Tagen, das erste Dorf: kleine Blockhäuser, eine defekte Telefonleitung, deren Kabel wie gekochte Spaghettis von den Masten hängen und einige frei laufende Schweine. Als uns die Bewohner entdecken, schauen sie uns erstaunt an. „Ad kudaje?“-Rufe begleiten uns, „woher kommt ihr?“ Ansonsten bleibt es still, als wir am Dorf vorbeigehen.

Der zweite Ort ist etwas größer, aber noch zu klein für ein Geschäft. Als wir durch das Dorf marschiert sind, halten wir auf einer Wiese, um die allerletzten Vorräte zu essen. Die Wiese ist mit Edelweiß bedeckt.

„Magazin?“, fragt Frank einen kleinen Jungen, der mit seinem BMX-Rad mehrmals an uns vorbeifährt. „Magazin?“, fragt er zurück und hält kurz an. Mit einem Wink bedeutet er uns ihm zu folgen. Nach wenigen Metern stehen wir vor einem Bretterzaun. Ein mit weißen Säcken beladener LKW steht davor. Das große Holztor im Zaun steht offen. Ein Mann trägt gerade einen Sack in eine Lagerhalle, als wir mit dem Jungen in den Innenhof treten. Eine Frau steht ebenfalls im Hof. Der Junge geht auf sie zu und erklärt ihr etwas. Sie lächelt uns an und geht auf einen auf schweren Steinen erhöhten Schuppen zu, schließt mit einem großen Schlüssel das Türschloss auf und bittet uns hinein. Drinnen entpuppt sich die Bretterbude als ein Tante-Emma-Laden. Hier bekommen wir alles, was wir benötigen. Die nette burjatische Verkäuferin ist froh, dass wir so viel bei ihr einkaufen. Wodka sucht man in dem kleinen Büdchen vergeblich. Kurz hinter dem Ort machen wir an einem Holzplankenzaun halt und holen das ausgiebige Mittagessen nach. Mit Wurst, Wasser, Keksen, zwei großen frischen Gurken und ein paar cremigen Schokotörtchen lassen wir es uns gut gehen.

Die Südhänge um das Dorf herum sind waldfrei; der kalte Regenwald des Hamar-Daban-Gebirges liegt hinter uns. Die südlichen Ausläufer des Gebirges, in dem wir uns jetzt befinden, haben schon klaren Steppencharakter. Ein wie ein Wolf aussehender Hund läuft in der Ferne über die Wiese. Die Abendsonne taucht das burjatische Dorf in ein idyllisches Licht. Irgendwie ist es merkwürdig, wieder in der Nähe von Menschen zu sein. Beim Weitergehen müssen wir aufpassen, nicht auf Heuschrecken zu treten, die zu Tausenden wie Knallfrösche um uns herumhüpfen.

Als wir unser Zelt aufbauen, sehe ich, dass Franks Sohlen zur Hälfte vom Oberschuh abgelöst sind. Seine Füße schmerzen und er hat mit Wasser gefüllte Wundblasen. Wie sollen wir so weitergehen? Unter einem großen Baum entfachen wir ein Feuer, kochen uns chinesische Instantnudeln und trinken das Bier, das wir im Laden gekauft haben.

4. Wie zu Kölle

In sibirischer Gefangenschaft

Die Piste verläuft durch eine graue Steppenlandschaft. Ein kleiner Ort und eine Asphaltstraße. Unsere Füße schmerzen vom vielen Gehen. Petropawlowka, ein kleines Städtchen, vielleicht 20 Kilometer nördlich der mongolischen Grenze, heißt unser Tagesziel. Frank zählt laut mit, wie oft er mit welchem Fuß auf die herabhängenden Sohlen tritt. Es steht 25 zu 33 für den linken Schuh. Kaum im Ort, werden wir von Polizisten angehalten: „Passaporta!“, lautet der kurze Befehl. Fünf Minuten später sitzen wir im Polizeijeep und steuern das Polizeipräsidium an.

Galina, etwa 50 Jahre alt, blond gefärbtes Haar, ist Deutschlehrerin. Deutlich erkennt man, dass burjatisches Blut durch ihre Adern fließt. Sie wurde zum Übersetzen herbeigeholt. Irgendetwas stimmt mit unserem OVIR-Stempel nicht. Wir befinden uns im Grenzgebiet zur Mongolei und brauchen angeblich eine Sondergenehmigung für diese Region, erfahren wir von Galina. Nach einigen Stunden des Erklärens werden unsere Pässe beschlagnahmt, und die Polizei eskortiert uns in ein Hotel, in das wir ohnehin wollten. Um neun Uhr am folgenden Morgen sollen wir unsere Unterlagen wiederbekommen. Wir sollen von der Polizei abgeholt werden.

Kein schlechter Service. Das hat uns das Durchfragen zum Hotel erspart und darüber hinaus können wir uns sicher fühlen, denn die Polizisten haben alles für uns geregelt. Galina bleibt noch bei uns. Wir fragen sie, ob sie etwas essen möchte und laden sie ein. Groß ist die Auswahl im Hotelrestaurant nicht, aber wir sind ja auch nicht wählerisch. Für umgerechnet einen Euro bekommen wir Gemüsesuppe mit Brot, Nudeln mit einer Frikadelle und einen halben Liter Bier.

Wir essen zweimal. Galina sitzt mit uns am Tisch. Unser Angebot, mit uns zu essen, schlägt sie bescheiden aus.

„Wie heißt euer neuer Bundespräsident?“, fragt sie uns. „Horst Köhler“, antwortet Frank mit vollem Mund. Galina schreibt sich den Namen auf. „Es ist das erste Mal, dass ich mit Deutschen deutsch spreche“, entschuldigt sie sich für ihre gebrochene Aussprache. Wir protestieren. „Ohne dich wüssten wir gar nicht, was nicht in Ordnung ist.“ Ich frage sie, wie ihre Arbeit als Lehrerin aussieht. „Ich arbeite an einer kleinen Schule hier in Petropawlowka. 20 Lehrer unterrichten 120 Schüler. Wir haben nicht genügend Hefte und Stifte, auch Schulbücher, es fehlt an allem. Die Bezahlung ist so schlecht, dass ich im Sommer Beeren und Pilze sammeln muss, um genug Geld zu haben. Während der Sommerferien zwischen Juni und August bekommen wir Lehrer nämlich kein Gehalt.“ Ich verspreche, nach meiner Rückkehr nach einer Partnerschule Ausschau zu suchen, die helfen kann.

Nach dem Essen verabschiedet sich Galina und geht nach Hause. Frank kauft am Hotelkiosk ein paar Flaschen Bier und Schokoriegel. Dann gehen wir auf unser Zimmer, dass eigentlich aus drei Räumen besteht: einem Schlafzimmer mit zwei durchgelegenen Betten und einem klapprigen Holzfurnierschrank, einem Vorraum mit zwei alten Sesseln und einem kleinen Tisch und einem Bad ohne Dusche, geschweige denn Badewanne. Wir waschen uns am Waschbecken, legen uns auf die Betten und öffnen die Bierflaschen. Im Fernsehen läuft eine russische Seifenoper. Schaut man aus dem Fenster, blickt man auf den Paradeplatz, auf dem ein stählerner Lenin nach Osten weist.

Am nächsten Morgen warten Frank und ich, aber niemand kommt, um uns abzuholen. Uns bleibt nichts anderes übrig, als selbst zur Polizeistation zu gehen. Um zwanzig Minuten nach neun stehen wir im Büro des Chefs. Galina ist schon da und füllt ein Formular für uns aus.

„500 Rubel muss jeder von euch als Strafe zahlen, weil ihr euch unerlaubt im Grenzgebiet zur Mongolei aufgehalten habt“, sagt sie. „Dann bekommt ihr eure Pässe wieder und könnt gehen.“

„Das sind ungefähr 15 Euro für jeden“, rechnet Frank.

„Das ist viel Geld“, bemerkt Galina.

„Gut, und wo bezahlen wir?“, frage ich sie.

„Kommt mit. Wir müssen zur Bank. Wenn ihr das da einzahlt, kann niemand der Korruption bezichtigt werden.“

Aljoscha, ein kleiner schmächtiger Polizist, begleitet uns. Sein schmales russisches Gesicht verschwindet fast unter der übergroßen Polizeimütze. Er erzählt ein paar gute Witze, die Galina für uns übersetzt. Die Bank hat auf, aber der Computer ist defekt. Wir können unser Geld nicht einzahlen. Wir gehen zurück ins Präsidium. Die Buchhalterin kassiert jetzt das Geld. Das dicke Bündel Rubelscheine legt sie in einen kleinen Tresor.

Aljoscha und zwei weitere Polizisten sind an unserer Wanderroute interessiert. Frank gibt der Miliz das Kartenmaterial. Sie wollen es sich unbedingt kopieren. Solche Karten von ihrer Region kennen sie nicht. Frank erwähnt, dass man diese in Irkutsk kaufen kann, doch Irkutsk ist weit weg, mindestens 200 Kilometer Luftlinie. Mit den Karten in der Hand läuft Aljoscha durch das ganze Gebäude und sucht nach einem funktionierenden Kopiergerät. Stolz kommt er mit den Kartenkopien zurück und gibt Frank die Originale wieder. Wir sind frei und dürfen uns jetzt offiziell für zehn Tage in der Grenzregion aufhalten. Das soll jedenfalls auf dem kleinen Wisch stehen, den uns der Polizeipräsident mit Stempel und Unterschrift in die Reisepässe gelegt hat.

Die ganze Prozedur hat über zwei Stunden gedauert. Es ist Mittag. Wir fragen Galina und Aljoscha, ob sie mit uns etwas Essen wollen. Galina sagt direkt zu. Aljoscha zögert. Eigentlich muss er mit seinem Kollegen, einem Burjaten,

Streife fahren. „Ach was“, sagt er, „wir kommen für ein halbes Stündchen mit.“

Das Café, in dem wir zusammensitzen, ist schlicht eingerichtet: selbstgezimmerte, schmale Bänke und einige kleine Tische. In der Mitte bereitet der Koch das Essen zu. Wir essen in Teig gefülltes, fettiges und knorpeliges Fleisch. Dazu trinken wir Tee. In der Mongolei heißt dieses Gericht „Buuz“. Wenn dem Gast das heiße Fett an den Fingern herunterläuft, sind diese Teigtaschen besonders gut.

Aljoscha und sein Kollege verabschieden sich, Galina bleibt noch und begleitet uns zum Einkaufen in ein kleines Geschäft und verabschiedet sich danach mit guten Wünschen.

Wir folgen der Teerstraße, die aus Petropawlowka hinausführt. Nach etwa zehn Kilometern können wir auf eine sandige Piste ausweichen, die von süß duftendem indischen Hanf eingefasst wird. Später ändert sich das Bild. Die lehmige Piste führt an endlos erscheinenden Feldern vorbeiführt. Ein Traktor pflügt weit am Horizont das riesige Feld um. Einsam steht ein kleiner Bauernhof auf einem Hügel. Die Sonne neigt sich tief im Westen.

Frank hat den ganzen Tag schon mit den blechernen Totenkopfschildern geliebäugelt, die an den Strommasten als Warnung hängen, jetzt hat er eines entdeckt, das schon halb herabhängt. Er stellt seinen Rucksack ab, holt sein Werkzeug heraus und fängt an zu schrauben. Es dauert nicht lange, da verstaut er das quadratische Metallblech mit einem zufriedenen Lächeln in seinen Rucksack. Jetzt hat er sein Sibiriensouvenir.

„Wir sollten uns allmählich nach einem Schlafplatz umschauen. Meine Füße tun höllisch weh. Wir sind heute wieder 40 Kilometern gelaufen. Ich fühle mich wie nach einem Marathon“, stöhnt Frank. „Wer weiß, vielleicht werden wir diese Nacht ja wieder von irgendwelchen Polizisten eingeladen", antworte ich scherzend. Kaum habe ich den Satz ausgesprochen, da hören wir einen LKW hinter uns heranbrausen. „Ich wette mit dir, das ist diesmal das Militär."

Der LKW hält auf unserer Höhe. Mehrere Soldaten, Sturmgewehre in der Hand, steigen von der Ladefläche. Ein großer Mann mit imposanter Mütze und mehreren Sternchen auf der Schulter kommt auf uns zu, bleibt kurz vor mir stehen und salutiert. Ich komme mir wie im Film vor und salutiere ebenfalls, ohne daran zu denken, dass der Soldat sich veräppelt vorkommen könnte. „Passaporta, Dokumenta!", fordert er energisch. Er stinkt nach Wodka. Wir gehorchen. Unsere Reisepässe werden beschlagnahmt. Einen Augenblick später sitzen wir zusammen mit vier Soldaten auf der verdeckten Ladefläche des Lkws. Nur hinten ist sie offen, so dass wir sehen, wohin wir fahren. Einer von ihnen spricht gut Englisch. Er wird im weiteren Verlauf des Abends und der Nacht die „Verhandlung" führen. Er ist 23 Jahre alt, verheiratet, heißt Boris und stammt aus Kaliningrad in der russischen Enklave, die im Osten von Litauen und im Westen von Polen eingegrenzt wird. Uns nennt er jedoch den alten deutschen Namen Königsberg als Heimatort, ein geschichtsträchtiger Ort. Schließlich wurde dort im Januar 1701 Friedrich I. zum König von Preußen gekrönt.

„Was machst du denn hier in Sibirien, so fernab deiner Heimat?", fragt ihn Frank.

„Ich leiste meinen Wehrdienst ab", antwortet er knapp.

Plötzlich hält der LKW mitten auf der Piste. Die Tür des Führerhäuschen knallts zu, und der Kommandant kommt an die Ladefläche getreten. Er gibt einen Befehl und schaut grimmig und entschlossen drein.

„Der Kommandant will sehen, was ihr mit euch führt", erklärt uns Boris.

„Wieso filzen die uns gerade jetzt? Mitten im Nirgendwo", frage ich Frank, der mit einem Achselzucken antwortet.

Ich bin zuerst dran, räume meinen Rucksack aus. Unterdessen fressen Frank die Mücken auf, die zu Tausenden um uns herumsurren. Mein GPS-Gerät, das in Russland verboten ist, zeige ich nicht. Es ist versteckt in einer kleinen Tasche am Hüftgurt, die die Soldaten in der Abenddämmerung übersehen. Der Chef der Soldaten inspiziert jedes Teil. Kulturbeutel und Medikamententasche sieht er nur grob durch, aber hier und da fragt er nach. Dann entdeckt er unsere russischen Generalstabskarten. Er entdeckt die eingetragenen GPS-Koordinaten. Misstrauisch fragt er nach, was das für Angaben seien. Ich versuche es ihm zu erklären, ohne das Wort GPS in den Mund zu nehmen. „Bis in die Gobi willst du?", fragt er ungläubig. Ich nicke. „Wie wirst du dich orientieren?", will er wissen.

„Karte und Kompass reichen aus", wirft Frank helfend ein. Der Kommandant macht eine Handbewegung, die bedeutet, dass ich wieder alles einpacken soll. Möglichst schnell natürlich. Also werfe ich alles irgendwie in den Rucksack und bin heilfroh, dass er mein GPS-Gerät nicht gefunden hat.

Jetzt ist Frank an der Reihe. Ich stehe neben ihm vor dem LKW. Die Sicht ist schlecht, die Sonne nicht mehr zu sehen. Unruhe steigt in mir auf. In Franks Kameratasche sind alle seine Wertsachen, die Videokamera, das GPS-Gerät und die Karten.

Frank muss alle Karten auf die LKW Ladefläche legen. Die Videokamera nimmt der Soldat in die Hand. Schaut hindurch und fragt, was wir denn damit aufnehmen. „Nur die Wanderung", versichert ihm Frank. Vorsichtig legt er das Gerät zurück in die Tasche und nimmt sich das kleine GPS-Gerät. „Was ist das?", fragt er und drückt auf den Knöpfen herum. „Das ist ein elektronischer Kompass“, versichert Frank. „Soll ich zeigen, wie er funktioniert?“, fragt er höflich. Der Kommandant winkt ab, geht mit dem Gerät ein wenig zur Seite und hält es in alle Himmelsrichtungen. Er nickt und legt es wieder in Franks Tasche. Franks Kartenmaterial behält er bei sich. Wir sind erleichert, als der Befehl zum Weiterfahren gegeben wird.

Während der holprigen Fahrt auf der Piste macht einer der Soldaten mit seiner Sucherkamera ein Foto von uns. Als ich auf meine Kameratasche deute, schüttelt der junge Soldat den Kopf.

Wir erzählen von unserer Verhaftung in Petropawlowka und ernten Bedauern. Wir hätten nichts zahlen dürfen, sagt der englischsprechende Russe. Es gibt keine Sondergenehmigung für die Grenzregion. Die Polizisten hätten das Geld unterschlagen und in die eigene Tasche gesteckt.

Wohin wir fahren, wissen wir nicht, können es allenfalls erraten. Die Fahrt dauert schon über eine Stunde. Draußen ist es dunkel. Die Sterne sind noch nicht zu sehen. Plötzlich verlangsamt der LKW seine Geschwindigkeit mehr als sonst, wenn er in eine Kurve geht oder wegen eines Schlaglochs ausweichen muss, schließlich hält er an. Eine Brise trägt leises Hundebellen aus der Ferne an uns heran. Demzufolge müssen wir in der Nähe einer Siedlung sein. Bis auf zwei steigen alle Soldaten vom LKW. Uns wird ausdrücklich befohlen, sitzen zu bleiben und nicht aus der Ladefläche zu schauen. Vorsichtshalber zieht einer der Soldaten die Heckplane herunter und knüpft sie zu. Uns ist etwas mulmig zumute. Wissen wir doch nicht, was auf uns zukommt. Angeblich ist das alles nur eine Routinekontrolle, weil wir uns in der Nähe der mongolischen Grenze aufgehalten haben. „Es gibt viele Schmuggler in dieser Gegend“, hatte uns einer der Soldaten während der Fahrt gesagt.

Frank schaut mich an und sagt: „Wir sind bestimmt vor der Kaserne."

„Weißt du, wie ich mir im Moment vorkomme?"

„Wie denn?"

„Wie in einem Low-Budget-Streifen von Dolph Lundgren."

Es ist elf Uhr abends. Kälte zieht in den LKW. Einer der Soldaten reicht uns zwei Militärparka. Dann unterhalten sie sich kurz untereinander. Es scheint, als wären sie sich nicht einig, wer von beiden uns ansprechen soll. Es dauert nicht lange, dann sagt einer der beiden in gebrochenem Englisch: „What is your name?" Frank, der ihre Unterhaltung auf Russisch mitverfolgt und verstanden hat, antwortet mit einem seiner wenigen russischen Sätze: „Mein Name ist Frank. Und wie ist dein Name?" Die Soldaten sind irritiert und verstummen. Sie haben nicht damit gerechnet, dass wir etwas Russisch verstehen, da wir seit der Festnahme bewusst nur auf englische Fragen geantwortet haben.

Zehn Minuten später kommt die Wachablösung. Die Soldaten riechen nach Essen und halten ihre Maschinenpistolen in der Hand. Bei dem Geruch stellen wir fest, dass auch wir mittlerweile Hunger haben.

Nach insgesamt einer Stunde kommt ein bis dahin unbekannter Soldat und lässt uns aussteigen. Frank hatte Recht. Wir stehen vor einer russischen Kaserne. Außer dem großen Drahttor, einem hohen Stacheldrahtzaun, einigen einfachen Baracken und einem Wachturm direkt neben dem Eingang erkennen wir nicht viel. In der Ferne sind die Lichter eines kleinen Dorfes zu sehen. Wir sollen vor der Kaserne übernachten, weist uns der Russisch sprechende Soldat an. Auf dem kargen, sandigen Boden sucht ein jeder sein Fleckchen. Überall stinkt es nach Hundekot. Aber Befehl ist Befehl und wir gehorchen.

Unsere Zelte sind gerade ausgelegt, da ruft Boris uns

unter die große Laterne am Kaserneneingang. In der Hand hält er Franks Sibirienkarten. Boris will den Verlauf unserer Wanderung genau wissen und macht sich auf einem kleinen Zettel Notizen. Vier weitere Soldaten und eine hübsche junge Blondine, gehüllt in einen Morgenmantel, stellen sich zu uns. Alle schauen interessiert auf die Karten. Boris verschwindet mit seinen Anmerkungen und den Karten in der Kaserne. Die junge Russin fragt uns auf Englisch, ob wir Hunger haben. Wir nicken und gehen wieder auf unseren Zeltplatz und stellen das Zelt auf. Unbeobachtet sind wir nie, immer steht irgendein Soldat in unserer Nähe. Als unsere Zelte stehen und die Rucksäcke darin verstaut sind, kommt Boris zurück. „Ich brauche noch eure Kameras", befiehlt er freundlich, „damit ihr keine Bilder von der Kaserne macht". Unsere Kameras in den Händen sagt er: „Wenn ihr etwas essen wollt, dann begleiten euch die beiden Soldaten in die Kantine. Ihr müsst aber die Kapuzen über eure Köpfe ziehen, mit geschlossenen Augen und den Gesichter zum Boden gehen", erklärt er.

Wie kleine Schuljungen werden wir an die Hand genommen und durch die Kaserne geschleust. Richtig ernst können wir dieses „Räuber-und-Gendarm-Spiel" nicht nehmen. Ab und zu wage ich einen Blick unter der Kapuze meiner Regenjacke hervor. Die Kasernengebäude scheinen noch aus Stalins Zeiten zu sein und erinnern mich an die Kaserne in Turkmenistan, in der ich mich im Sommer 1999 mehrere Stunden zusammen mit meinem damaligen Reisepartner Sebastian befand, als uns das turkmenische Militär an der Grenze zum Iran verhaftete und wir mit dem Fahrrad auf der legendären Seidenstraße nach China unterwegs waren.

In der hellbeleuchteten Kantine dürfen wir uns wieder umschauen. Etwas Grünzeug und einige bunte Bilder hängen an den Sperrholzwänden. Boris und ein weiterer Soldat setzen sich zusammen mit uns an einen der Tische links in der Ecke direkt vor der Essensausgabe. Der Koch serviert dickflüssigen Erbseneintopf mit Speck, einigen Scheiben Graubrot und Butter. Dazu trinken wir schwarzen Tee. Der Erbseneintopf schmeckt „wie zu Kölle", wie wir in der Eifel zu sagen pflegen, wenn es uns besonders gut schmeckt. Frank isst zwei große Portionen. Wer hat schon die Gelegenheit, in einer russischen Kasernenkantine Erbsensuppe zu essen?

Zum ersten Mal tauen die Soldaten etwas auf. Ich erkundige mich nach der blonden Russin, der einzigen Frau, die ich unter der Männergesellschaft hier bisher gesehen habe. „In Russland gibt es attraktive Frauen. Wer war denn eigentlich die nette Blonde da draußen vor der Kaserne?"

Boris schaut mich ernst an und sagt: „Das ist die Frau vom stellvertretenden Kasernenleiter. Alles klar?"

„Ich wollte ja nur sagen, dass mir eure russischen Frauen gefallen."

„Ja, du hast schon Recht", lächelt Boris. „Es gibt tatsächlich sehr hübsche Frauen in Russland."

„Wer ist denn eigentlich der Kommandant der Kaserne?", will ich neugierig wissen.

„Du willst wissen, wer hier das Sagen hat?", antwortet Boris barsch.

Mehr als ein kleinlautes „Ja" ist aus meinem Munde nicht zu hören.

„In Russland haben wir ein Sprichwort", leitet der Soldat die Antwort ein: „Wer zuviel weiß, schläft schlecht." Danach unterhalten wir uns über Fußball. Etwas später verschwindet Boris für einen kurzen Moment. „Es gibt Probleme", sagt er, als er zurück an unserem Tisch ist. „Ein Soldat ist krank, und wir haben keinen Arzt oder Medikamente hier."

„Vielleicht können wir euch helfen", bietet Frank an.

Aber die Soldaten wollen keine Hilfe annehmen und schlagen selbst das Breitbandantibiotikum und Schmerzmittel aus.

Nach dem Essen werden wir auf die gleiche Art und Weise nach draußen geführt, wie man uns hineinbegleitet hat. Unser Dolmetscher wünscht uns eine gute Nacht und verspricht, uns am nächsten Morgen alles wiederzugeben und uns mit dem LKW ein Stück zurückzufahren.

Die Nacht im Schutze der Kaserne verläuft ruhig. Lediglich der Geruch stört beim Einschlafen. Frank ruft mir noch etwas zu: „So, wenn jetzt irgendjemand die genauen Koordinaten der Kaserne haben möchte, so kann er sie gerne von mir haben", und lacht zufrieden. Die Koordinaten unseres Lagerplatzes vor dem Militärgebäude hat er in sein GPS-Gerät eingegeben und gespeichert.

Anderntags entdecke ich einen Hundehaufen direkt neben meinem Zelt. Zum Glück haben wir unsere Zelte geruchsinstinktiv um diese stinkenden „Tretminen" herum aufgebaut.

Früh am Morgen ist es kühl. Wir packen vorsichtshalber unsere Rucksäcke, weil Boris keine Uhrzeit genannt hat. Lange warten müssen wir jedoch nicht. Das Tor öffnet sich bald, und Boris kommt mit unseren über Nacht eingehaltenen Pässen, Karten und Kameras zu uns. Hinter ihm rollt der LKW mit den Soldaten von gestern, er hält auf der Piste vor der Kaserne. „Es ist alles in Ordnung", sagt Boris. „Schaut nach, ob auch alle eure Sachen vollzählig sind", empfiehlt er uns. Er will wohl nicht, dass wir in Deutschland etwas Schlechtes über die russische Armee sagen können. „Es ist alles da", versichern wir ihm. „Gut, dann kommt mit auf den LKW. Wir fahren euch ein Stück zurück, von wo aus ihr der Piste bis nach Naushki folgen könnt. Dort führt eine Brücke über die Selenge."

Die Soldaten begrüßen uns freundlich und lachen, als

wir wieder auf den Bänken der Ladefläche sitzen. „Don´t pay anywhere!", rät uns Boris noch einmal, keinem Uniformierten Geld zu geben. Mit unseren Visa sei alles in Ordnung, ich müsse jedoch am nächsten Tag das Land verlassen. Wir versichern ihm, dass das jetzt kein Problem mehr sei, nachdem wir wissen, dass wir über den großen Fluss, die Selenge, kommen.

Nach einigen Kilometern hält der Fahrer an einer sandigen Kreuzung. Wir steigen vom LKW und verabschieden uns bei den netten Soldaten und Boris. Der LKW fährt los. Die Soldaten winken und wünschen uns eine gute Reise. Einer schießt ein Foto. Hinter der nächsten Wegbiegung verschwindet der LKW aus unserem Blickfeld. Nur noch eine staubige Sandwolke erinnert an das Geschehen von gestern.

Wir folgen der sandigen Piste in die trockene Steppenlandschaft Südsibiriens, die aus Sand, hohen Gräsern und dunklen, gedrungenen Sträuchern besteht und uns an eine afrikanische Savanne erinnert.

5. Grenzgeschichten

Von Sibirien in die Mongolei

Im kleinen burjatischen Ort Enxor machen wir Mittag. Der Dorfladen ist gut bestückt. Weil es draußen heiß ist, kaufen wir neben Brot, Wurst, Schokolade und einer Tube Ketchup auch je zwei Dosen kaltes Bier. Ein betrunkener Burjate kommt lallend auf uns zu. Wir beachten ihn nicht und essen ruhig unsere Brote. Wir sind Exoten in dieser Gegend, in der sich ansonsten nie ein Tourist verirrt, schon gar nicht zu Fuß. Es hat sich wohl im Dorf herumgesprochen, dass zwei Ausländer angekommen sind und vor dem Dorfladen zu Mittag essen. Eine junge Frau kommt zu uns und fragt auf Englisch, woher wir kommen. Wir erklären ihr, dass wir Deutsche sind. Bei diesen Worten blitzen ihre Augen. Sofort spricht sie mit uns Deutsch. Ihr Name ist Tujana und dafür, dass sie erst seit einem Jahr an der Universität von Ulan-Ude Deutsch studiert, beherrscht sie unsere Sprache schon recht gut. Mir fällt immer wieder auf, dass Mongolen, die Deutsch sprechen, zwar bisweilen Grammatikfehler machen, aber fast keinen Akzent haben. Tujana lädt uns ein zu bleiben. Aber ich muss das Land am nächsten Tag verlassen und kann nicht bleiben.

Rechts von der Piste verläuft die russisch-mongolische Grenze. Links davon fließt ruhig das Wasser der Selenge, dem wasserreichsten Fluss der Mongolei, der in den Baikalsee mündet. Die Mongolei ist jetzt zum Greifen nahe. Immer wieder bleibe ich fasziniert stehen und schaue den sibirischen Monstergrillen zu, wie sie sich gegenseitig auffressen oder kleinere Artgenossen verzehren, nicht selten sind sie über zehn Zentimeter lang und fünf Zentimeter breit.

Naushki, die kleine Grenzstadt zur Mongolei, direkt am

Ostufer der Selenge gelegen, ist vor allem wegen der Transmongolischen Eisenbahnlinie bekannt. Die Transsibirische Eisenbahn führt von Ulan-Ude über Chita immer weiter nach Osten, bis zur sibirischen Stadt Vladivostok. Die Transmongolische Strecke führt von Ulan-Ude über Ulaanbaatar bis zur chinesischen Hauptstadt Peking und ist die wohl am meisten befahrene Route der Transsibirischen Eisenbahn.

In einem kleinen Dorfladen kaufen wir etwas zu essen und Süßigkeiten und Eis. Junge Mädchen stolzieren um uns herum und kichern verlegen. Wir haben keine Zeit und suchen ein Hotel, finden aber keins. Obwohl wir müde sind und schon über 30 Kilometer in den Beinen haben, raffen wir uns auf und gehen aus der Stadt heraus, um uns irgendwo außerhalb zum Schlafen hinzulegen. Auf der Straße hält uns ein Polizist an. Er will wissen, wohin wir wollen und ob wir eine Bombe in unserem Gepäck mitführen. „Selbstverständlich, einen ganzen Panzer haben wir im Rucksack verstaut", geben wir ihm mit einem Lachen zu verstehen. Er lächelt ebenfalls und warnt uns vor Banditen, die im Wald ihr Unwesen treiben.

Wir gehen noch drei Kilometer auf der Teerstraße entlang, dann folgen wir kurz einem Weg in den Kiefernwald hinein und bauen dort unser letztes gemeinsames Nachtlager auf. Dunkelheit umgibt uns, als wir es uns mit zwei Dosen Bier auf unseren dünnen Isomatten zwischen den Kiefern gemütlich machen. An diesem Abend lassen wir die gemeinsame Wanderung Revue passieren und machen Pläne für die nächste.

„Pass gut auf dich auf und immer schön die Stöcke in den Steppensand hauen", sagt Frank am nächsten Morgen. Ich weiß, dass er gerne weitergehen würde, aber sein Urlaub ist zu Ende, er muss zurück nach Köln. Wir umarmen uns kurz, dann dreht er sich um und geht. „Grüß mir die

Heimat und trink ein paar Kölsch auf mich, wenn du zurück in Kölle bist", rufe ich ihm hinterher. Frank dreht sich um und hebt den rechten Arm, als wolle er mir sagen: „Geht klar." Frank geht zurück nach Naushki, um von dort aus den Zug nach Ulan-Ude und weiter nach Irkutsk zu nehmen und dort ins Flugzeug nach Deutschland zu steigen.

Ich folge der geteerten Straße Richtung Mongolei. Ein neuer Abschnitt meiner Wanderung hat begonnen. Ein melancholisches Gefühl steigt in mir auf, das ich von vergangenen Reisen kenne. Keiner steht mir jetzt bei Problemen oder Schwierigkeiten zur Seite. Das einzige Stück Heimat, das mich jetzt noch begleitet, sind meine Gedanken an zu Hause und meine nächtlichen Träume. Aber nach einer Weile steigt meine Stimmung wieder, und ich freue mich auf Unerwartetes und Neues.

Die Sonne scheint. Nur selten kommen mir Autos entgegen oder überholen mich. Eine Kreuzotter, die sich am linken Straßenrand auf dem warmen Asphalt in der Sonne wärmt, nimmt Reißaus, als sie die Erschütterungen meiner Schritte spürt. Auf dem Teer zu laufen ist nicht besonders spannend, und schongar nicht das, was sich ein Wanderer wünscht. Diesmal geht es aber nicht anders.

Rückwärtszählende Kilometersteine verraten mir die zurückgelegte Strecke. Die wenigen Straßenschilder geben die ausstehenden Kilometer bis zum Grenzort Kiakhta an. Die Strecke zieht sich wie ein Stretchband, der Wald sieht überall gleich aus. Meine linke Achillessehne macht sich bemerkbar. Werden die Schmerzen größer, muss ich mir etwas einfallen lassen.

Vorbei an zerfallenden Kasernen des Militärs und der Polizei, die auch schon bessere Zeiten gesehen haben, nähere ich mich den ersten Wohnhäusern. Mit den letzten Rubeln in der Tasche kaufe ich an einem Kiosk eine Cola und etwas

Schokolade. Um etwas Urlaubsstimmung herbeizuzaubern, kaufe ich mir auch noch Eis, schließlich haben wir Sommer und es ist warm. Die Leute sind freundlich, grüßen oder schauen mich erstaunt an. Von einem Hügel aus blicke ich in die Mongolei. In unmittelbarer Nachbarschaft zum Grenzzaun entdecke ich eine wunderschöne Kirche. Bis dahin muss ich gehen, denke ich. Irgendwo dort unten muss der Grenzübergang sein.

Die Türen der russisch-orthodoxen Kirche im barocken Stil sind mit Bretterverschlägen verbarrikadiert. Es ist eine schöne, große Kirche, aber ihre weiße und blaue Farbe blättert an den Außenwänden ab. Vermutlich hat sich in der Sowjetära niemand darum gekümmert, sie instand zu halten.

Ein paar Meter weiter befindet sich ein Grenzübergang, aber er ist verschlossen. Als ich läute, kommt ein Grenzsoldat ans Tor. Dies sei nicht der Grenzübergang, macht er mir gestikulierend klar, er sei wenige hundert Meter weiter rechts. Zweimal rechts, und schon sehe ich eine Schlange mongolischer Kleinbusse, die auf ihre Grenzabfertigung warten. Als Fußgänger drängle ich mich bis zum ersten Grenzhäuschen vor. Der Grenzbeamte im kleinen Grenzhäuschen will mich nicht zu Fuß rüber lassen. „Wieso nicht zu Fuß?“, will ich von dem russischen Grenzbeamten wissen. Das einzige Wort, dass ich aus seiner Antwort erkenne, heißt „Maschine“. Die Grenze darf nur mit einem motorisierten Fahrzeug überquert werden. Eine junge Mongolin erkennt meine Lage und spricht mich auf Englisch an. „Du kannst in einem unserer Busse mitfahren“, sagt sie. Ich bin erleichtert, fülle alle Formulare aus und warte ungeduldig darauf, dass ich endlich mongolischen Boden betreten kann. Als meine Einreiseformalitäten erledigt sind und ich denke, jetzt geht es los, wird der Wagen der Fahrerin auf Schmuggelware untersucht. Sie hat einige Stangen Zigaretten zuviel an Bord und kommt in Erklärungsnot. Der Inhalt einiger Sporttaschen und Bündel von Geldscheinen wechseln den Besitzer. Noch eine Unterschrift auf einem Formular, und wir dürfen den letzten Posten passieren. Endlich bin ich in der Mongolei.

Täglich werden billige Waren, vor allem Zigaretten, von Sibirien in die Mongolei geschmuggelt. Alle diese roten mongolischen Kleinbusse hier an der Grenze transportieren Schmuggelware von der einen auf die andere Seite.

Die junge Mongolin, die mir die Mitfahrgelegenheit besorgt hat, studiert seit zwei Jahren Englisch in der mongolischen Hauptstadt Ulaanbaatar. Ihr Bruder unterhält direkt hinter der Grenze ein einfaches Hotel. Natürlich empfiehlt sie es mir. „Alle anderen Hotels sind zu gefährlich", meint sie. Ich freue mich, etwas Anschluss gefunden zu haben, und verabrede mich mit ihr zu einer kleinen Stadtbesichtigung von Altanbulag. Kurz nachdem ich mein Zimmer bezogen habe, holt sie mich mit einer Freundin ab. Ich erzähle ihr, dass ich zuerst mongolische Tugrik, die Landeswährung der Mongolei, brauche. Selbstverständlich kennt sie auch den besten Geldwechsler des hiesigen Schwarzmarktes. „Ihm kannst du vertrauen. Ich kenne ihn schon lange", sagt sie, als wir bei dem lächelnden, jungen und mindestens anderthalb Köpfe kleineren Mongolen stehen. Der kleine Schwarzmarkt ist nur wenige Meter von der Grenze und dem Hotel entfernt, in dem ich diese Nacht verbringen werde. Die ersten 100 Dollar tausche ich in Tugrik um. Der Wechselkurs ist gut und die Geldscheine sehen echt aus.

Altanbulag ist ein kleines Sumzentrum, direkt an der Grenze zu Russland. Die Mongolei ist in 21 Aimaks (Provinzen) aufgeteilt, welche wiederum in mehrere Sums gegliedert sind. Altanbulag ist der wichtigste nördliche Grenzübergang und gilt als Wiege der mongolischen Volksrevolution. Nach der russischen Revolution von 1917 versuchten mehrere Parteien die Macht zu übernehmen. Die Chinesen marschierten Ende Oktober des Jahres 1919 mit Truppen in der mongolischen Hauptstadt ein, um das erst 1911 unabhängig gewordene Land erneut zu annektieren. Daraufhin formierte sich mongolischer Widerstand, der unter anderem von Sükhbaatar angeführt wurde, der bis heute in der Mongolei als Nationalheld verehrt wird. Rebellen strebten die Wiederstellung der Unabhängigkeit an und baten die Sowjetregierung in Moskau um militärische Unterstützung. Völlig unerwartet tauchte der deutschstämmige Weißgardist General Baron von Ungern-Sternberg in der Mongolei auf und belagerte Ende Oktober 1920 die Hauptstadt, musste aber der Übermacht der Chinesen weichen. Im Februar des folgenden Jahres gelang es ihm jedoch, mit mongolischen Truppen die Hauptstadt zu erobern. Sein Feldzug zur Befreiung des Landes verwandelte sich allerdings schnell in eine blutige Schreckensherrschaft. Die von Ungern-Sternberg zerstreuten chinesischen Soldaten formierten sich in Kiakhta, wurden aber von mongolischen Partisanen mit Sukhbaatar an der Spitze in hartnäckigen Kämpfen im März 1921 aufgerieben. Die Weißgardisten marschierten unter Ungern-Sternberg in Richtung sibirische Grenze, den russischen Rotarmisten und mongolischen Partisanen entgegen, von denen sie in langen Kämpfen besiegt wurden und die am 6. Juli 1921 die mongolische Hauptstadt befreiten. In Altanbulag soll ein Revolutionsmuseum an diese Zeit erinnern, aber ich stelle erleichtert fest, dass sonntags geschlossen, denn es wirkt nicht sehr einladend.

Zurück im Hotel suche ich vergeblich nach einer Dusche. Als Toiletten dienen einfache Plumpsklos. Ich wasche mich an einem Waschbecken, das in einem kleinen Kabuff steht. In der Hotellobby treffe ich Hank. Hank ist Holländer und erzählt mir bei einem mongolischen Bier, das den Namen „Borga“ trägt, wie er mongolische Frauen ins Bett kriegt.

„Die fahren total auf Schokolade ab“, sagt er. Ob er keine Frau zu Hause in Holland hat, frage ich ihn. „Doch, aber die sagt nur, ‚Hank, nimm wenigstens Kondome‘“, lacht er.

Hank ist im Gastronomiegeschäft tätig und versucht, in der Mongolei europäisches und amerikanisches Essen zu verbreiten. Hank ist nicht der klassische Aufreißertyp, auf den Frauen fliegen, und so klingen seine Frauengeschichten nicht sehr glaubwürdig. „Hast du die Frau an der Rezeption gesehen?“, fragt er mich und beugt sich nah zu mir herüber. „Die kommt heute Nacht zu mir. Das habe ich schon alles arrangiert“, will er mir im besten holländischen Akzent weismachen. „Und wie viele Tafeln Schokolade hast du ihr dafür bezahlt?“, frage ich. Aber Hank kommt nicht zu einer Antwort, weil gerade in dem Moment die Studentin und ihre Freundin ins Hotel kommen. Er winkt sie heran. Als die beiden zu uns an den Tisch treten, zückt er einige Schokoladenbonbons und schenkt sie ihnen. Mehr aus Höflichkeit und ohne Hank direkt um den Hals zu fallen, nehmen sie das Geschenk an.

Hank strahlt über das ganze Gesicht und wirft mir einen triumphierenden Blick zu. „Kommt morgen Mittag doch zum Essen vorbei. Ich mache real american hamburgers“, lädt er die Mädchen ein. Die Studentin schlägt Hanks Angebot aus und flüstert mir ins Ohr, das sie ihn nicht ausstehen kann. Trotzdem verbringe ich den Abend mit Hank, der mich die ganze Zeit unterhält und zu später Stunde nach etlichen Flaschen Bier noch einen mongolischen Wodka hervorzaubert. Wir sind die einzigen Europäer in diesem Ort. In der Nacht träume ich wirres Zeug. Das muss wohl an dem Wodka gelegen haben.

Was ich dringend benötige, ist „cewer spirt“, hochprozentigen Alkohol oder Spiritus. Olgas Vorrat neigt sich dem Ende zu. Aber ich kann keinen ausfindig machen. Selbst der Geldwechsler von gestern kann mir bei diesem exklusiven

Wunsch nicht weiterhelfen. Dafür begleitet er mich zu einem kleinen Lebensmittelladen, in der ich Proviant für zwei Tage und fünf Liter Wasser einkaufe. Ungeniert redet er mit mir über Sex. Mein Mongolisch ist zwar dürftig, aber das, worüber er mit mir redet, verstehe ich. Nein, ich hatte noch nie Sex mit einer Mongolin und bin deswegen auch nicht in sein Land gekommen, versuche ich ihm mit einer Mischung aus Mongolisch, Englisch und einigen Gesten verständlich zu machen. Die etwas korpulente Ladenbesitzerin und er lachen.

Noch einmal werfe ich einen Blick zurück. Die Dächer der russisch-orthodoxen Kirchen von Kiakhta glänzen in der Sonne. Deutlich erkenne ich den Grenzzaun mit einigen Wachtürmen. Altanbulag liegt hinter mir. Ich verlasse die geteerte Straße und gehe querfeldein. Es ist heiß. Das Wasser aus meinem Trinksystem schmeckt nach Eisen: Versehentlich habe ich „Kuka" gekauft, ein eisenhaltiges Mineralwasser, das mir überhaupt nicht schmeckt. Zum Trinken benutze ich einen dünnen, durchsichtigen Plastikschlauch mit Mundstück, der an einem leichten, sehr stabilen Kunststoffbeutel, ähnlich einem Kathetersack aus dem Krankenhaus, mit einem Schraubverschluss befestigt ist. Der fast zwei Liter fassende Trinkbeutel ist in meinem Rucksack verstaut. Mit Hilfe dieses Trinksystems kann ich während des Gehens fein dosiert Wasser aus dem Trinksack trinken. Für lange Wanderungen, vor allem durch heiße Gebiete, hat sich dieses Trinksystem bewährt.

Nach drei Stunden finde ich den Pfad, der mich über die Gebirgskette weiter nach Süden führen soll. Die Landschaft ist dank der im Norden bewaldeten Hügel noch recht grün. Der Boden ist überwiegend sandig und mit kniehohen Gräsern und kleinen Sträuchern bewachsen. Eine Pferdeherde grast an einem halb ausgetrockneten Tümpel. Einige Streckenabschnitte sind sumpfig, Mücken surren umher. Es geht leicht bergan. Plötzlich versperrt mir ein mongolischer Reiter den Weg. Sein Blick ist grimmig. Ich versuche ihm auszuweichen, aber ohne Erfolg: Immer wieder stellt er sich mir mit seinem Pferd in den Weg. In der rechten Hand hält er bedrohlich einen kleinen Reitstock, in der linken ein schwarzes Funkgerät. Er verlangt meine Personalien und spricht in sein Funkgerät. Ich versuche ihm verständlich zu machen, dass ich auf dem Weg nach Ulaanbaatar bin. Energisch weist er mit seinem Stock in Richtung Sükhbaatar. Nein, dort will ich nicht hin. Das bedeutet einen Umweg für mich. Als der Reiter sich immer mehr nähert und den Reitstock fester in seiner Faust ballt, weiche ich zurück und füge mich. Den Umweg über Sükhbaatar muss ich unter diesen Umständen in Kauf nehmen, will ich mir keine Tracht Prügel einfangen. Schimpfend verlasse ich meinen ursprünglichen Pfad und gehe einen Teil des Weges zurück, laufe querfeldein über die Steppe. Von einem kleinen Sandhügel aus erkenne ich Sükhbaatar. Einige mehrstöckige Plattenbauten, wohl Fabriken, strahlen weiß in der Sonne. Um halb sieben stehe ich vor einem kleinen Hotel mit Karaokebar. Ich bin müde, beziehe ein großes Zimmer mit drei Betten und einem Fernseher. Für die Nacht zahle ich 5000 Tugruk, etwas weniger als vier Euro. Nach einer kalten Dusche lege ich mich auf eines der Betten und ruhe mich aus. Sogar eine Waschmaschine und einen Trockner gibt es im Hotel, und so lasse ich meine Kleidung von den Angestellten waschen.

Weil ich telefonieren und ins Internet will, folge ich der Hauptstraße, die direkt an meinem Hotel vorbeiführt, so lange, bis ich Mongol Telekom erreiche. Nach einigen Fehlversuchen kommt eine Verbindung nach Deutschland zustande und sogar das Internet funktioniert. Viel mehr sehe ich von diesem Ort nicht. Mongolische Städte und Dörfer sind nicht besonders schön, aber von einem Nomadenvolk, das mit seinem Vieh seit Jahrtausenden als Hirten durch diesen Landstrich Zentralasiens zieht, sind keine alten oder eindrucksvollen Städte, wie man sie zum Beispiel in Usbekistan sieht, zu erwarten. Die Nomadenvölker nördlich von China kannten kaum sesshafte Kultur. Sie galten vielmehr als städtezerstörende Völker, gegen die sich das Reich der Mitte mit einem riesigen Bollwerk verteidigte. Die Große Mauer ist kein zusammenhängender Schutzwall, sondern wurde über mehr als zwei Jahrtausende immer wieder erweitert, ausgebaut und bis zum imposantesten und längsten Schutzwall auf Erden gestaltet. Im Gegensatz zum römisch-germanischen Limes in Deutschland, der eher als Kontaktzone zwischen Germanenstämmen auf der östlichen Seite und Römern bzw. deren verbündeten Germanen- und Keltenstämmen auf der westlichen Seite anzusehen ist, ist die Große Mauer tatsächlich ein Schutzwall gewesen, der das chinesische Reich vor Feinden schützen sollte.

Ich laufe parallel zur geteerten Straße, die Ulaanbaatar mit Sükhbaatar verbindet, biege dann ab und sehe einen Reiter in vollem Galopp auf mich zukommen. Wenige hundert Meter vor mir verfällt das Pferd in ein leichtes Traben, dann in einen Gehschritt, ehe Ross und Reiter vor mir stehen bleiben. Gut sichtbar in einem Halfter an einem Gürtel trägt der Mongole einen Revolver. Freundlich, aber konsequent macht er mir verständlich, dass ich hier besser nicht weitergehen soll und zeigt Richtung Straße. Ich bin zwei Tage im Land und werde schon zum zweiten Mal meines Weges verwiesen. Ich bin enttäuscht: Was ich über die Mongolei gelesen und gehört habe, scheint nicht zu stimmen. Anscheinend gibt es doch mehr Privatland als angenommen und man kann sich nicht so frei bewegen, wie man es als Tourist gerne tun würde. Deprimiert kehre ich dem Reiter den Rücken zu und schlendere in Richtung Straße, ohne mich auf eine weitere Diskussion einzulassen.

In der Nordmongolei wird nicht nur legal Gold abgebaut,

sondern es existieren auch einige illegale Goldminen. Vielleicht handelte es sich bei beiden Reitern nicht um Polizisten, sondern um berittenes Sicherheitspersonal einer solchen illegalen Goldmine, die keine Fremden in ihr Gebiet lassen wollen, um möglichst lange unentdeckt zu bleiben.

Dennoch lasse ich es mir nicht ganz nehmen, meinen Weg selbst zu wählen. Sobald der Reiter außer Sichtweite ist, gehe ich von der Straße ab und in ein kleines Waldgebiet hinein. Anfangs folge ich einer Piste, die irgendwann aufhört. Dann schlage ich mich durch dichtes, dorniges Gebüsch und kleine Fichten. Es ist anstrengend, weil es zudem auch noch steil bergan geht und es heiß ist. Ich trinke viel, bin erschöpft, und meine linke Achillessehne macht sich bemerkbar. Wie soll ich so bloß bis in die Gobi gelangen?

Jetzt noch einige Meter, dann bin ich oben auf der Höhe. Hinter mir liegt Sükhbaatar, vor mir ein grünes Tal. Ein Ger, wie in der Mongolei die Jurte genannt wird, leuchtet weiß wie ein großer einzelner Champignon in der Sonne. Das dichte Unterholz erschwert den Abstieg. Unten im Tal folge ich der Piste zur Straße und gehe diese zehn Kilometer entlang. Mein Tagesziel ist der Eroofluss. Dort will ich zelten, um ihm am nächsten Morgen in die westlichen Ausläufer des Khentii Gebirges zu folgen.

Ein LKW kommt mir entgegen, der Fahrer hält an, lächelt und fragt, ob ich etwas Wasser möchte. Ich freue mich über diese Geste und gebe der mongolischen Gastfreundschaft noch eine Chance.

6. Mongolische Köstlichkeiten

Selengeaimak

Verhungern werde ich in der Mongolei schon mal nicht, denke ich, als ich aufwache und einige Heuschrecken beobachte, wie sie Löcher in das Moskitonetz des Innenzeltes fressen. Anderen scheint es mein Rucksack angetan zu haben, so munter kauen sie auf dem harten Corduramaterial.

Die Steppe zeigt sich von ihrer öden Seite. Völlig ausgetrocknet und braun wellt sie sich links und rechts des Flusses entlang. Dazu sind es über 30 Grad. Die Piste verläuft abseits des Flusses und der Gers. Obwohl ich einen großen Abstand zu den mongolischen Jurten habe, greifen mich plötzlich fünf große schwarze Hütehunde an. Kläffend umringen sie mich und kommen mir bedrohlich nahe. Ich brülle sie an, schlage mit meinen Wanderstöcken nach ihnen. Sie versuchen den Kreis enger zu schließen. Die Hirten kümmern sich nicht darum. Keiner ruft die scharfen Hunde zurück. Ich bin wütend, verspüre aber keine Angst. Die Hunde ziehen kurz ab, aber nur, um wenige Minuten später erneut anzugreifen. Diesmal bin ich bewaffnet und werfe mit Steinen nach ihnen. Der große Rucksack hindert mich in meinen Wurfbewegungen. Leider treffe ich nicht, mache aber wohl trotzdem Eindruck auf die Hunde. Sie verziehen sich und kommen nicht wieder. Keinen Kilometer weiter verfolgen mich wieder zwei Hunde. Bellend laufen sie mir hinterher und wollen mir in die Waden beißen. Ich greife zu einer neuen Waffe und zücke die Kamera. Halte sie bedrohlich in der Hand und fotografiere die flüchtenden Hunde. Sie haben das harmlose Gerät wohl für eine Waffe gehalten.

Ich fühle mich mies; das Wandern in dieser Steppe macht keinen Spaß. Keine Bäume, der Himmel ist trübe, das Gras neben der breiten, sandigen Piste ist hart und braun. Ich bin müde, die Oberschenkel sind hart und in der linken Achillessehne fühle ich einen brennenden Schmerz. Wenn es landschaftlich und körperlich in den nächsten Tagen nicht besser wird, dann werde ich nicht weit kommen. Erste Zweifel tauchen auf. Zu Hause auf der Karte sah doch alles so einfach und gut aus. Jetzt merke ich, dass es mental wesentlich anstrengender ist, durch eintönige Landstriche zu marschieren, als mit dem Fahrrad zu reisen. Die Zeit vergeht nicht, ich habe Angst, dass es zu weit bis zur nächsten Wasserstelle ist, es ist unerträglich heiß und es gibt keinen Fahrtwind. Das Gepäck trage ich auf dem Rücken und habe es nicht in mehreren Radtaschen auf dem Drahtesel verstaut.

Immerhin sind die wenigen LKW-Fahrer, die meinen Weg kreuzen, freundlich, halten an und grüßen nett. Um Punkt sechs Uhr abends stehe ich vor einem kleinen Lebensmittelladen in Eroo, einem kleinen Ort am gleichnamigen Fluss gelegen. Ich frage die junge hübsche Verkäuferin nach einem Hotel. Sie lächelt und bringt mich zu einem großen, im amerikanischen Kolonialstil errichteten hölzernen Gebäude. Das Hotel wird von einem jungen Paar geführt. Bereitwillig zeigt der junge Mann mir die Räumlichkeiten: „Dieses Zimmer kostet 15 Dollar, die anderen beiden nur zehn Dollar.“ Als ich das billigere Zimmer wähle, grinst er und bietet mir das komfortablere und teurere Zimmer für zehn Dollar an. Ich nehme das Luxuszimmer, lade meinen Rucksack ab und will mich irgendwo waschen gehen. Fließendes Wasser, geschweige denn eine Dusche, gibt es nicht. Der Hotelbesitzer führt mich nach draußen neben das Hotel. Dort stehen zwei Plumpsklos und ein Plastikwaschbecken mit Wasserbehälter. Ich wasche mir mit Seife wenigstens Gesicht und Hände. Als ich mir die vom feinen Steppenstaub dreckig gewordenen Füße waschen möchte, geht mir der junge Mongole zur Hand und schüttet mir

Wasser über meine Füße. Soviel Gastfreundschaft beschämt mich ein wenig, aber ich freue mich auch über diese Geste.

Das junge Paar ist sichtlich stolz, mich als Gast beherbergen zu dürfen. Im übrigen sind auch keine anderen Gäste außer mir anwesend. In dem als kleinem Westernsaloon mit viel Holz und Wildwestutensilien ausgestatteten Hotelrestaurant esse ich für umgerechnet einen Euro Reis mit Spiegelei, Geschnetzeltem und in Essig eingelegtem und zur Unkenntlichkeit kleingeschnittenem Gemüse. Abends sitze ich im Wohnzimmer und schaue mir zusammen mit den Hotelbesitzern eine Musiksendung im Fernsehen an.

Am nächsten Tag regnet es, als ich aufbreche. Mein Rucksack wiegt jetzt 24 Kilogramm und drückt auf meinen Rücken. Die linke Achillessehne schmerzt gewaltig und ist zu einem roten Klumpen Fleisch angeschwollen. Mir schwant, dass ich mit solchen Schmerzen nicht mal mehr bis Ulaanbaatar komme. Auf einer kleinen Kuppe lege ich eine Rast ein, rolle die Isomatte aus, setze mich darauf und ziehe den linken Schuh aus, dann den Socken. Meine Medikamente für diese Reise beschränken sich hauptsächlich auf homöopathische Globuli in verschiedenen Potenzen, mit denen ich bisher immer gute Erfahrungen gemacht habe und auf ein Breitbandantibiotikum, eine Packung Voltarenkapseln sowie ein Cortisonmedikament. Bei meiner entzündeten Achillessehne haben die Globuli bisher leider nicht angeschlagen. Etwas widerwillig nehme ich die Packung Voltaren aus dem Medikamentenbeutel, lese die Packungsbeilage und schlucke zwei Kapseln. Danach lege ich mich auf die Matte und ruhe mich aus. Nach einer Stunde setze ich den Weg fort. Wie durch ein Wunder schmerzt die Achillessehne kaum noch. Die Schwellung geht schon nach kurzer Zeit zurück. Endlich kann ich wieder schmerzfrei laufen.

Die Steppenlandschaft wird durch ein hügeliges Birken-

und Lärchenwaldgebiet, die nördlichen Ausläufer des Khentii Gebirges, abgelöst. Je höher mich der Weg führt, desto besser wird meine Stimmung. Von einem Pass aus schaue ich in ein weites Tal hinab. Die Abendsonne lässt das Grün der Weiden rötlich leuchten. Regenwolken ziehen dicht über die bewaldeten Hänge. Schwarze, kleine Punkte bewegen sich im Tal. Es sind weidende Kühe. Von hier oben erkenne ich einige kleine Hütten. Weil es schon spät am Abend ist und die Sonne in wenigen Stunden ganz im Westen verschwindet, beschließe ich, ins Tal zu den Hütten zu laufen.

Die erste Hütte steht einsam auf einer großen Wiese. Der für jede Jurte typische gusseiserne Ofen mit seinem langen, blechernen Schornstein steht frei und ohne Schutz daneben. Als mich die Bewohner kommen sehen, winken sie mir zu und laden mich gestikulierend ein, mich zu ihnen zu setzen. Sofort wird Wasser mit etwas Salz in einem Wok, der auf dem Herd direkt über dem prasselnden Holz- oder Viehdungfeuer steht, zum Kochen gebracht. Dann kommt etwas gepresster, schwarzer Ziegeltee hinzu, der in einem Leinentuch eingewickelt ist und mittels eines kleinen Hammers vom Teeziegel abgeschlagen wird. Ein guter Schuss Milch rundet das Ganze ab. Der Tee wird gekocht, ab und zu umgerührt und mit einer Kelle herausgeschöpft, um ihn dann aus der Entfernung einer Armlänge in einem Strahl zurück in den Wok laufen zu lassen.

Der Geschmack ist ungewöhnlich, wohl wegen des Salzes. Mir tut der Tee gut, nach den anstrengenden Tagen, an denen ich soviel geschwitzt habe. Ich darf auf einem blauen, mir viel zu kleinen Plastikkinderstühlchen Platz nehmen. Mein Hintern steckt zwischen den Armlehnen fest und berührt nur gelegentlich die Sitzfläche. Auf dem Tisch vor mir ausgebreitet stehen bald alle mongolischen Köstlichkeiten der Sommermonate. In einem Einmachglas befindet sich selbstgemachte Beerenmarmelade, in zwei kleinen chinesischen Porzellanschalen häufen sich Aarol, steinharter, getrockneter Quark mit gelblicher Farbe und säuerlichem Geschmack, und Beazlag, ungesalzener Käse, der wie italienischer Mozarella schmeckt, aber viel härter ist, weil er in der Herstellung fast jede Flüssigkeit verliert: Die weiße Masse wird tagelang zwischen zwei Holzplatten, die mit schweren Steinen beschwert werden, in einem Leinentuch zusammengepresst. Anschließend wird die schmaler gewordene feste Milchplatte mit einem dünnen Draht in möglichst gleichgroße Teile geschnitten und zum Trocknen auf das Dach des Gers ausgelegt.

In einer weiteren Schale befindet sich Orum. Die weiße, zum Teil dünnflüssige Masse ist eine Mischung aus Butter und Schmand und schmeckt auf Borzog, einem fettigen, kleinen Gebäck - vergleichbar mit unseren rheinischen Muzen, nur nicht so süß – besonders gut. Die einzige Delikatesse, die ich mit Gewürzketchup verfeinere – und die ich nur bei dieser Familie zu Essen angeboten bekomme –, sind in Aspik eingelegte Rindsunterschenkel. Eine äußerst knorpelige kulinarische Besonderheit.

Ich will nicht unhöflich sein und lange kräftig zu. Während des Essens muss ich an Hank denken, der den Mongolen Essen nach westlichem Standard näher bringen möchte. Wozu eigentlich? Ein weiteres Mal bestreiche ich ein Stück Aarol mit der selbstgemachten Marmelade. Die mongolische Küche wird einfach unterschätzt.

7. Gold und Bären

Da Khentii-Gebirge

Der Ort Borunt liegt direkt am Eroo Gol. Eine Betonbrücke führt über den breiten Fluss. Kinder spielen am Wasser, springen hinein und schwimmen. Die Piste in den Ort führt vorbei an den Resten einer zerfallenen Fabrik. Ein mächtiger Schornstein, ein Relikt aus sozialistischen Zeiten, ragt in den Himmel. Ich suche nach einem kleinen Restaurant und spreche einen jungen Mongolen an, der gelangweilt vor seiner Haustür sitzt. Er führt mich bereitwillig in ein kleines Lokal. Neben Schulle, der typisch mongolischen Nudelsuppe, gibt es köstlich aussehende Buuz, in Teig eingewickeltes, knorpeliges Fleisch mit Zwiebeln. Wir bestellen jeder acht Stück und beginnen uns zu unterhalten, mit dem wenigen Mongolisch, das ich gelernt habe.

Als ich bezahlen will, hält mich mein Begleiter zurück. Er übernimmt die Rechnung und verweist auf die deutsch-mongolische Freundschaft. Selbst beim Einkauf im kleinen Laden will er zahlen, aber hier komme ich ihm zuvor. Allerdings verteilt er die Süßigkeiten, mit denen ich mich revanchieren möchte, an die herbeigelaufenen Kinder, die sehen wollen, was denn der Fremde mit dem Rucksack in ihrem Dorf macht.

Wir gehen zurück zu seinem Haus. Davor steht jetzt ein Sattelschlepper mit einem großen, verrosteten Kahn, neben dem chinesische Wanderarbeiter warten. Es sind Bekannte des jungen Mongolen. Sie sind wegen des Goldes in der Mongolei und wollen tiefer in die Berge hinein, um im Fluss nach dem kostbaren Edelmetall zu suchen. Interessiert schauen sie auf meine Karte und erläutern mir den geeignetesten Weg durch das waldreiche Gebirge weiter nach Süden.

Ich bin noch nicht weit aus dem Ort herausgegangen, da führt die Piste steil einen Berg hinauf. Serpentinen sind entweder unbekannt oder unpopulär in der Mongolei. Für einen Fußgänger ist das kein großes Problem, aber der LKW, der in einem großen Abstand hinter mir fährt, hat große Mühe, hier hoch zu kommen. Es ist der Sattelschlepper mit den Chinesen und meinem Mongolen. Freundlich winken sie mir zu, während sie mich im Schneckentempo überholen.

Das Gebirge erinnert mich an deutsche Mittelgebirge. Birken, Lärchen und Fichten, auch einige Kiefern. Bunte Blumen werden von verschiedenen Schmetterlingen und anderen Insekten angeflogen – aber keine Mücken! Dennoch kann ich die Waldlandschaft nicht richtig genießen, denn mir ist übel und der Bauch tut mir weh. Vielleicht waren die Rindsunterschenkel und die anderen typisch mongolischen Köstlichkeiten von gestern Abend für meinen auf diese Spezialitäten unvorbereiteten Magen noch nicht verträglich. Aber so schnell werde ich die mongolische Küche nicht abschreiben. Ich habe ja auch keine Wahl.

Auf dem zweiten Pass schlage ich direkt neben einem aus vielen Steinen errichteten Owoo mein Minizelt auf. Blaue Chadags, für Tibet und die Mongolei typische lange Stofftücher, die als Zeichen der Ehrerbietung aufgehängt werden, schmücken neben Zigaretten, Geldscheinen und leeren Wodkaflaschen den Owoo. In der Mongolei sind diese Chadags meistens blau, weil dies die Farbe der Mongolen und des Himmels ist. Der im Übrigen immer bedrohlicher aussieht. Während der letzten zwei Stunden hat sich ein gewaltiges Gewitter zusammengebraut. Blitze zucken über den schwarzblauen Himmel und Donner grollt.

Kaum steht das Zelt, fährt ein LKW vor und hält. Zwei Männer steigen aus, zünden sich Zigaretten an und legen kleine Steine auf den Owoo. Die LKW-Fahrer kommen auf mich zu, schauen auf mein kleines Zelt und sagen, dass ich in fünf Kilometern ein Dach über den Kopf bekäme. Ich überlege kurz, packe schnell meine Sachen zusammen und gehe den Berg hinunter, obwohl ich nicht wirklich verstanden habe, wo ich dort unterkommen kann. Eine Stunde später sehe ich eine Jurte inmitten einer Goldtagebaustätte. Das ist wohl die Übernachtungsmöglichkeit, von der die beiden Männer gesprochen haben. Ich gehe auf das Ger zu und weiche den riesigen Pfützen und LKW-Spuren aus, die den weichen Boden zu einer einzigen, klebrigen Lehmmasse haben werden lassen. Im Ger ist es dunkel, die wenigen angezündeten Kerzen erhellen das Innere kaum. Ein Schreibtisch, auf dem Unterlagen und Karten ausgebreitet sind, steht in der linken Ecke, der restliche Platz ist mit Betten ausgefüllt. Ich darf mich setzen und bekomme gesalzenen schwarzen Tee mit Milch angeboten. Kaum habe ich es mir gemütlich gemacht, da öffnet sich die Tür. Zwei Russen, ein Mongole und eine junge Mongolin treten wortlos ein. Der Mongole fragt die anderen Mongolen etwas. Offensichtlich geht es um mich. Die junge Mongolin übersetzt das Gesprochene ins Russische. Dann wendet sie sich in gutem Englisch an mich. Ich solle mitkommen und die Nacht woanders verbringen. Draußen ist es dunkel. Kein Sternen- oder Mondeslicht erhellt die freie Waldfläche. An meinen Füßen hängen dicke Matschklumpen, so aufgewühlt ist der Boden von den Minenfahrzeugen und den Niederschlägen. Von weit her höre ich das Grollen des Donners. Zwischen einigen weißen Gers, die in dem lichten Waldstück verteilt stehen, sind Holzplanken als Fußwege ausgelegt, damit die Minenarbeiter nicht durch den Matsch rennen müssen. Mir ist nach wie vor etwas übel und ich fühle mich schlapp und müde. Deed, die mongolische Übersetzerin, die 25 Jahre alt ist, wie sie mir unterwegs verrät, führt mich an den Jurten vorbei zu einem kleinen Bauwagen. Mehrere Männer sitzen im ersten Raum um einen kleinen Tisch und spielen Karten. Auf dem Tisch steht eine halbvolle Wodkaflasche. Sie grüßen freundlich und wenden sich dann wieder ihrem Spiel zu. Deed spricht kurz mit einem der Männer und bittet mich in den Nebenraum. Dort stehen zwei Betten. Das dem Fenster zugewandte Bett darf ich diese Nacht nutzen. In dem andern schläft ein mongolischer Ingenieur. Meinen Rucksack stelle ich ab und setze mich auf das Bett. Deed sitzt mir gegenüber und fragt mich, ob ich etwas Essen und mich waschen wolle. Ich erkläre ihr, so gut es geht, dass ich mir den Magen verdorben habe und deshalb nichts essen, aber mich gerne waschen möchte.

Mit Wechselklamotten in der Hand und der Stirnlampe auf dem Kopf folge ich ihr über glitschige Planken zu einer kleinen Holzhütte. Grauer Rauch steigt aus dem Kamin empor. Als wir die Hütte betreten, riecht es nach Birkenholz. Direkt vor uns steht ein großer eiserner Holzofen. „Hinter der Tür ist der Waschraum. Wir sehen uns später", sagt sie und verlässt die Hütte.

Ich ziehe mich aus und gehe in den großen Waschraum hinein. Darin stehen naturbelassene hölzerne Bänke, wie in einer Sauna. Die Temperatur ist hoch, aber angenehm. In einem großen blechernen Fass dampft heißes Wasser, das vom Ofen erhitzt wird. In einem kleineren Fass steht kaltes Wasser bereit. Ein kleiner Holzeimer dient als Schöpfkelle. Warm läuft das Wasser meinen Rücken hinab. Ich wasche mich ausgiebig; Wasser ist etwas Großartiges! Aber leider macht mein Magen noch Scherereien, er drückt und rumort fürchterlich. Der Weg zu den Plumpsklos ist wegen des aufgeweichten Bodens gefährlich und rutschig.

Zurück im Bauwagen lege ich mich aufs Bett. Mir ist elendig zumute, ich bin kraftlos und müde. Die Männer spielen immer noch Karten, eine neue Flasche Wodka steht auf dem Tisch. Einer der Spieler bringt mir ein großes Glas

Wodka. „Das ist gut gegen deine Magenverstimmung“, sagt er. Hoffentlich ist das richtig: Ich kippe den scharfen Schnaps in einem Zug runter. Der Arbeiter lächelt zufrieden.

Deed kommt mit Essen herein. Aus der Porzellanschale dampft und riecht es verführerisch. Es gibt Nudeln mit Fleisch, aber ich habe keinen Appetit und stelle das Essen auf eine kleine Ablage neben das Bett und setze mich der Mongolin gegenüber. Sie ist sehr hübsch: kurze, schwarze Haare und dunkle Augen, ihr Gesicht wirkt eher europäisch als aisatisch. Sie erzählt, dass sie als Dolmetscherin für eine russisch-mongolische Goldminengesellschaft arbeitet. Der stellvertretende Chef, ein Russe, ist ihr Freund. In Ulaanbaatar hat sie Englisch und Russisch studiert und ist froh über diesen Job, der zudem ganz gut bezahlt wird.

„Was machst du eigentlich in der Mongolei?“

„Vor zweieinhalb Wochen bin ich am Baikalsee mit einem Freund gestartet und will zu Fuß in die Gobi. Einmal von Nord nach Süd durch deine Heimat.“

„Hast du keine Angst?“, fragt sie. „Wovor soll ich denn Angst haben?“, frage ich rhetorisch.

„In den Bergen gibt es Bären und Wölfe“, warnt Deed.

„Na ja, bisher haben sie sich gut versteckt.“

Draußen tobt ein Unwetter. Donner kracht und es regnet in Strömen. Blitze erhellen in regelmäßigen Abständen das Innere des Bauwagens. Ich kann nicht schlafen, mir ist schlecht. Im anderen Bett schläft der Ingenieur. Sein Atem ist gleichmäßig. Es ist drei Uhr in der Frühe. Eigentlich müsste ich dringend aufs Klo, aber bei diesem Unwetter versuche ich noch etwas auszuhalten. Zwecklos. Aber ich kann mich nicht aufraffen. Ich liege im Dunkeln und hoffe, dass was passiert. Irgendwann lässt der Regen nach, schnell schlüpfe ich in die Schuhe und schlittere zum Plumpsklo.

Rettung in letzter Sekunde. Kurze Zeit später treibt mich der Dünnschiss wieder auf die einfache Toilette. Die Nacht ist schrecklich. Mit Mühe würge ich am nächsten Morgen das Frühstück runter, um wieder zu Kräften zu kommen. Nudeln mit fettigem Hammelfleisch werden wohl nicht mein Lieblingsfrühstück. Müde und kraftlos mache ich mich wieder auf den Weg.

Auf dem Weg werde ich von Minenfahrzeugen überholt, die meisten tragen die Aufschrift einer deutschen Firma. Sie sind unterwegs zu den großen, dunklen Löchern im Gebirge. Das Goldgeschäft ist lukrativ und lockt auch ausländische Firmen an.

Hinter einer Wegbiegung sehe ich einen großen Sattelschlepper. Ein alter Khan liegt noch am Flussufer. Es sind die chinesischen Arbeiter aus Borunt, die hier im Fluss nach Gold suchen wollen. Der nette Mongole steht mit einer Angel im Wasser und grüßt mich, als er mich sieht. Wir reden kurz miteinander, ich mache ein Foto, und dann gehe ich weiter. Der Weg führt jetzt hoch zu einem Pass. Das Goldgräbergebiet lasse ich jetzt hinter mir. Die waldreichen Khentiigebirgsausläufer werden immer schöner und erinnern an das Hamar-Daban-Gebirge in Sibirien. So stark unterscheidet sich die Taigalandschaft Sibiriens gar nicht von der Nordmongolei.

Nach einer Weile sehe ich zwei große Pfützen auf der warmen Straße. Um sie herum sitzen hunderte rotschwarzweißer Schmetterlinge, es sieht aus, als ob sie Pause machen. Beim Näherkommen scheuche ich sie auf, ein bunter, flatternder Wirbelwind entsteht – sie fliegen alle hektisch nach oben. Ohne meine Magenkrämpfe, die mich immer wieder zum Anhalten und einem Toilettengang zwingen, müsste es mir bei solch einem kunterbunten Schauspiel gut gehen. Aber ich fühle mich krank und bin schlapp. Trotzdem komme ich gut voran: Nach 35 gelaufenen Kilometern schlage ich an einem kleinen Bach mein Nachtlager auf. In der Nähe stehen einige Jurten. Ich will meine Ruhe und diese Nacht alleine in meinem kleinen Zelt schlafen.

Um in das kalte Wasser des Baches ganz einzutauchen, bedarf es Überwindung, die ich an diesem Abend nicht aufbringe. Nackt stehe ich im Bach und wasche mich so gründlich, wie es im Stehen geht. Danach schlüpfe ich in die trockenen Wechselkleider und gehe zurück zum Zelt. Ich schütte etwas Spiritus in meinen Kocher und stelle besorgt fest, dass die Flasche fast leer ist. Lange reicht der Spiritus nicht mehr zum Kochen. Ich setze auf Ulaanbaatar, die Hauptstadt, dort hoffe ich, wenigstens hochprozentigen, brennbaren Alkohol zu bekommen, wenn es schon keinen Brennspiritus in der Mongolei gibt.

Das wenige Wasser im Topf bringt der kleine Kocher schnell zum Siedepunkt. Meine chinesische Nudelsuppe ist zum Verzehr bereit, da kommt ein alter Hirte zu mir. Ich grüße mit einem freundlichen „ßän bänoh“, was auf Mongolisch soviel wie „Hallo“ oder „Guten Tag“ heißt. Mein Gruß wird erwidert, und ich biete dem alten Mann einen Platz auf meiner Isomatte an. Dankend lehnt er ab, setzt sich neben mich ins Gras und schaut mir wortlos beim Essen zu. Ich nutze die Gelegenheit, mein in Deutschland gelerntes Mongolisch auszuprobieren und erzähle ihm, woher ich komme, dass ich zu Fuß durch die Mongolei wandere und gerade auf dem Weg nach Ulaanbaatar bin. Kommentarlos hört er mir zu und nickt, als hätte er alles verstanden. Ob ich nicht in seinem Ger schlafen wolle, fragt er mich und zeigt in die Richtung, aus der er zu Fuß gekommen ist. Demnach kann sein Zuhause nicht weit sein. Kein Mongole geht freiwillig zu Fuß, wenn er ein Pferd oder Motorrad besitzt, und auf dem Land hat jeder Mongole mindestens ein Pferd. Schon die ganz kleinen Kinder lernen wie die alten Reiterkrieger zu reiten. Ohne Pferde wäre die Mongolei nie zu dem geworden, was sie im 13. Jahrhundert war: das größte zusammenhängende Reich, das je existierte.

Ich schüttle den Kopf und lehne sein nettes Angebot dankend mit Verweis auf meine Magen-Darm-Probleme ab. Er nickt und schweigt wieder. Seine Blicke fallen auf die Wanderstöcke. Er steht auf und begutachtet sie genau und blickt dann fragend zu mir. Ich erkläre ihm den eigentlichen Zweck der Stöcke und sage dann noch „Tschoon", das mongolische Wort für Hund und demonstriere einen Schlag. „Ah", erfährt es seinem Mund und er lächelt und wiegt die Stöcke achtsam in der Hand. Dann legt er einen Stock wie eine Flinte an und macht ein Schussgeräusch. Nein, eine Feuerwaffe trage ich nicht bei mir, erkläre ich ihm mit Gesten. Wölfe und Bären gebe es hier, sagt er und nimmt erneut die Schusshaltung ein. Ich lächle und deute auf die Stöcke und erkläre ihm, dass ich keine Angst vor Bären oder Wölfen habe. Nachdem ich aufgegessen habe, verabschiedet er sich und wünscht mir eine ruhige Nacht. Die habe ich: Als ich am nächsten Morgen aufwache, ist es schon spät. Aber das macht nichts, der Schlaf hat mir gut getan. Und ich stehe auch einfach nicht gerne früh auf, wenn ich nicht muss. Dafür wandere ich dann lieber bis in den Abend hinein.

Als ich meinen Rucksack fertig gepackt habe, erscheint der Alte von gestern Abend wieder. Diesmal hat er seine Enkelin mitgebracht. Ja, ich habe gut geschlafen und gehe jetzt weiter in Richtung Ulaanbaatar. Bei dem Namen der Hauptstadt verzieht er sein Gesicht, macht eine abfällige Handbewegung und behauptet, dass in der Stadt nur böse und schlechte Menschen lebten. Auf dem Land seien die Menschen viel netter.

Der Kleinen schenke ich einige Fruchtgummis, die sie erst nach zögerlichem Warten nimmt, nachdem ihr Großvater ihre Bedenken gegenüber dem Fremden mit einem kleinen Schubser in meine Richtung ausgeräumt hat. Behutsam erfasst sie die Süßigkeiten und steckt sich eines davon in den Mund. Der alte Hirte verneigt sich mit gefalteten Händen vor der Brust vor mir und wünscht mit eine gute Reise.

Solche Begegnungen berühren mich sehr, manchmal kommen mir fast die Tränen in solchen Momenten. Diese zurückhaltende und ehrlich gemeinte Freundlichkeit und Gastfreundschaft der Mongolen ist mir auf anderen Reisen nicht begegnet. Alleine der fürsorgliche Blick, die Verneigung und die guten Reisewünsche des alten Hirten, die beinahe etwas Sakrales hatten, lösen in mir ein unbeschreibliches Gefühl aus. Jetzt weiß ich wieder, warum ich mich auf den Weg gemacht habe. Es ist nicht nur die sportliche Herausforderung, eine bestimmte Strecke aus eigener Kraft zu bewältigen, es sind eben genau solche Momente des Glücks, die mich vorantreiben und die ich suche.

Ich folge dem Lauf des Wassers und traue meinen Augen kaum, als ich eine große Gruppe Wanderer sehe, die in Reih und Glied mit einem Wimpelträger vorweg auf der Piste geht. Zwei Männer kommen auf mich zu und erzählen mir, dass es sich bei den Wanderern um mongolische Touristen aus Ulaanbaatar handelt, die eine geführte Wanderung unternehmen. Ich zähle mindestens fünfzig Wanderer und bin froh, alleine unterwegs zu sein und nicht so viel Rücksicht auf andere nehmen zu müssen.

Keinen Kilometer weiter stoße ich auf eine kleine Gruppe gutgenährter Mongolen, die vor einem Hauszelt sitzen. Drei teure japanische Jeeps stehen davor. Ein junger Mongole läuft mit einer Videokamera herum. Als sie mich sehen, laden sie mich sofort ein. Frisches Obst und Gemüse, belegte Brote und Saft bietet mir die wohlhabende Gesellschaft an, die, wie ich nach kurzer Zeit erfahre, zu den Wanderern gehört. Einer der dicken Männer ist sogar Präsident des mongolischen Kanuten- und Outdoorverbandes. Stolz schenkt er mir seine Visitenkarte. Er hat die Wanderung organisiert und die Zeltplätze ausgesucht. Seine große Familie begleitet ihn und nutzt die Zeit als Urlaub.

Nach dieser Abwechslung zieht es mich weiter, denn weit bin ich seit heute Morgen noch nicht gekommen und es ist schon Nachmittag. Mein Darm rebelliert nach wie vor. Rechts und links von mir wachsen Hanfpflanzen und verbreiten einen angenehm süßlichen und beruhigenden Duft.

Die Landschaft ändert sich. Es wird trockener. Eine starke Windböe fegt feinen Staub durch die Luft. Zwei Pferde drehen sich um und schauen mich an. Die Sonne verschwindet diskret hinter dicken, grauen Regenwolken, als schämte sie sich. Es beginnt zu regnen. Östlich der Stadt Züünkharaa stoße ich auf die Gleise der Transmongolischen Eisenbahn, die auf direktem Weg bis nach Ulaanbaatar führen. Ich folge den eingezäunten Gleisen. Der Zaun dient wohl dazu, dass kein wertvolles Vieh auf die Idee kommt, zwischen den Gleisen nach Essbarem zu suchen und dabei womöglich von einem Zug erfasst wird. An einer kleinen Hütte frage ich die Herumstehenden, ob ich den Gleisen weiter folgen kann. Prompt werde ich zu einem Tee eingeladen. Die Magenkrämpfe haben zum Glück nachgelassen. Der Appetit ist auch wieder da. Trotzdem renne ich bald jede Stunde in die Büsche. Ich bin froh, dass der Norden des Landes noch so großen Pflanzenwuchs hat: In der weiten Steppe kann ich mich nicht mehr so leicht verstecken.

Der Weg entlang der Eisenbahnlinie wird zu einem kleinen Pfad, bis auch dieser verschwindet. Querfeldein setze ich meinen Weg fort, bis ich wieder auf eine Piste stoße, die mich nach Tünkhel, einem kleinen Ort, direkt an der Eisenbahnlinie gelegen, führt. Da sich mein Magen beruhigt zu haben scheint, gebe ich der mongolischen Küche eine neue Chance: In einem Café esse ich Chuschuur, fettige, ganz flache Teigfladen mit etwas Fleisch. Ich verlasse den Ort über eine Brücke, die über den Mandal Gol führt. Keine halbe Stunde später meldet sich mein Magen empört zurück: Mit Chuschuur kann er auch nichts anfangen! Ich schaffe es gerade noch hinter die Büsche am Straßenrand. Wenige Meter weiter donnern mit Holz beladene LKWs an mir vorbei, eine dichte Staubfahne hinter sich herziehend.

Die Piste führt wieder hinein ins Gebirge. Noch sehe ich viel Wald, der aber in großem Stil abgeholzt wird. Weite Täler und baumlose Gebirgspässe sind mit grünem Gras und Edelweiß bewachsen. Pferde grasen frei, in der Luft kreisen Geier, Adler, Milane und andere Greifvögel, und spähen nach Beute. Ziegen- und Schafherden grasen auf der Steppe. Das Tal erstreckt sich über mehrere Kilometer in seiner Breite.

Die weißen Gers stehen wie riesige Pilze verteilt auf den grünen Steppen. An einem der Gers halte ich. Auf einem weißen Holzschild, das an zwei Stöcken neben dem Eingang hängt, steht „Guanz“. Es handelt sich um eine Imbissjurte, der mongolischen Variante unserer Dönerbuden. Ein blauer LKW steht daneben. Rucksack und Wanderstöcke stelle ich draußen vor der ab Jurte und trete ein. Der Fahrer des LKWs sitzt zusammen mit seinem Begleiter auf kleinen Holzstühlen an einem Tisch. Die junge Köchin kümmert sich gerade um das Essen. Ich nehme neben den beiden Männern Platz. Sofort bringt mir die Frau eine Schale und füllt Tee ein. Anschließend teilt sie Hammelfleischsuppe aus. Auf dem Tisch steht eine Flasche Ketchup und eine schwarze Würzsoße, ähnlich chinesischer Sojasoße, mit der ich die wenig gesalzene Suppe schmackhafter machen kann. Als ich zahlen möchte, lädt mich der LKW Fahrer ein. Gastfreundschaft hat in der Mongolei viele Gesichter, zum Essen eingeladen zu werden ist eins davon. Man freut sich, etwas Abwechslung zu haben und zu Hause vielleicht

Freunden und Verwandten erzählen zu können, wen man getroffen und wem geholfen hat.

Während wir unsere zweite Schale Suppe schlürfen erscheint eine etwa vierzig Jahre alte Frau. Sie unterhält sich angeregt mit den beiden Männern. Sie scheinen sich zu kennen. Im Türrahmen stehen zwei Jungen, die ich auf drei und zehn Jahre schätze. Die ältere der beiden Frauen scheint die Besitzerin der Jurtenimbissbude zu sein. Sie frage ich, ob ich mein Zelt neben dem Ger aufstellen darf, um die Nacht über dort zu bleiben und am nächsten Tag bei ihr zu frühstücken. Das ist kein Problem.

Der ältere der beiden Jungs schaut mir interessiert beim Aufbau des Zeltes zu. Ich zeige ihm, wie er mir helfen kann und lasse ihn hantieren. Ein Plumpsklo suche ich vergeblich. Die Frau schaut ins baumlose Tal und sagt „Die Toilette ist überall“. Die Frauen und Männer in ihren langen, bunten „Deels“, dem Nationalkleid der Mongolen, das oft bis knapp über dem Boden reicht, manchmal mit Stickereien verziert ist und von einem großen bunten Tuch um die Hüfte zusammengehalten wird, brauchen keinen Sichtschutz. Sie hocken sich irgendwo in die Steppe und verrichten ihr Geschäft, ohne dass es auffällt: Ihre Kleider verdecken alles. Weitab des Gers hocke ich mich in eine Mulde, in der Hoffnung, dass mich niemand sieht. Die Kohlekompretten, die ich seit heute gegen den anhaltenden Durchfall schlucke, wirken nicht. Blühender Edelweiß steht in dichten Gruppen auf der grünen Grassteppe. Die Suppe vom Vortag scheint sehr populär zu sein: Es gibt sie auch zum Frühstück am nächsten Tag. Wenigstens habe ich etwas Warmes gegessen und kann gestärkt die Reise fortsetzen.

Wieder schweben riesige Geier, Alder und Milane über der Steppe. Für Greifvogelornithologen ist die Mongolei bestimmt ein interessantes Land. Nicht selten sehe ich dutzende der großen Greifvögel über die Steppe segeln und nach Aas und kleinen Säugetieren Ausschau halten.

Als ich aus dem breiten Tal mit seinen saftigen grünen Wiesen und den bewaldeten Nordhängen, dem ich seit gestern Abend folge, herauskomme, schaue ich auf die Siedlung Mandal. Mandal ist ein kleiner Ort mit einem ordentlich ausgestatteten Laden, in dem es neben Lebensmitteln, Zigaretten und Wodka auch noch alle Arten von Elektrogeräten, Haushaltsgegenstände und Kleider zu kaufen gibt, eben alles, was ein moderner Mongole zum Leben braucht. Mit einem kühlen koreanischen Bier, das es in Dosen zu kaufen gibt und das in der Mongolei sehr beliebt ist, setze ich mich vor den Laden und kaue auf den deutschen Fruchtgummis herum, die es in dem Laden zu kaufen gibt. Dass hier deutsche Süßigkeiten verkauft werden, werte ich als Indiz dafür, dass ich mich der Hauptstadt nähere.

An einer kleinen Mauer gelehnt sitzen drei Männer verschiedenen Alters. In ihrer Mitte steht eine Flasche Wodka. Als sie mich sehen, bieten sie mir einen Sitzplatz an und einen Schluck aus ihrer Flasche. Es ist gerade Mittag und die Sonne heizt der Steppe kräftig ein, aber ich will nicht unhöflich sein, nehme die Wodkaflasche entgegen, setze sie an und nehme einen kleinen Schluck.

Vorbei am Stadion, in dem vom 11. bis 13. Juli jeden Jahres das Naadam-Fest gefeiert wird, gehe ich zur Bahnlinie und folge dieser weiter nach Süden. Das Naadam-Fest ist das bedeutendste Fest der Mongolen und hat seinen Ursprung in der Zeit der Alttürken. Ringen, Bogenschießen und Pferderennen sind die drei Sportarten, die zu den Höhepunkten des Festes gehören. Unter Dschingis Khan und seinen Nachfolgern dienten diese drei Disziplinen als Wehrübung und wurden beständig trainiert. Heute soll das Naadam-Fest an die Revolution von 1921 erinnern.

Gegen Abend gehe ich durch einen Durchgang für das

Vieh unter dem Schienenstrang auf die andere Seite und schlage unter riesigen Strommasten auf einer grünen Wiese mein Zelt auf. Ich bin müde und meine Füße tun mir weh. Die Schuhe sind durch den vielen Staub und die Trockenheit knochenhart geworden, lange halten sie wohl nicht mehr.

8. „Ich suche Schuhe in Größe 46!"

Pause in Ulaanbaatar

Eigentlich wollte ich die Hirten nur nach dem richtigen Weg fragen. Jetzt sitze ich zusammen mit ihnen im Ger und trinke Airag, vergorene Stutenmilch, das Nationalgetränk der Mongolen, das bei den türkischen Völkern Zentralasiens auch als Kumiss bekannt ist. Das weiße Bier der Mongolei. Er erinnert an russischen Kefir. Beim Trinken perlt er leicht prickelnd auf der Zunge. Wer zuviel davon trinkt, bekommt schnell Dünnpfiff und wird leicht beschwipst, heißt es. Darüber mache ich mir keine Sorgen: Durchfall habe ich ja eh schon und so schnell bekomme ich von dem leicht alkoholhaltigen Getränk keinen Schwips.

Beschwingt mache ich mich wieder auf den Weg. Nach einer Weile stehe ich auf einem über 1600 Meter hohen Pass und blicke in ein Tal hinunter: Am Horizont erheben sich braune Berge, unten breitet sich die mongolische Hauptstadt wie ein aufgegangener Hefeteig in viele Seitentäler aus. Kerzengerade Fabrikschlote blasen ihre dreckigen Abgase in den klaren Himmel, sie stauen sich über weite Teile der Stadt zu einer Smogdecke auf. Fast eine Millionen Menschen leben in dieser unübersichtlichen Stadt. Das sind über ein Drittel der gesamten Bevölkerung der Mongolei.

Ulaanbaatar – auch Ulan Bator – bedeutet „Roter Held". Diesen kommunistischen Namen verdankt die Stadt der erfolgreichen und von den Bolschewisten unterstützten Revolution, deren Sieg am 11. Juli des Jahres 1921 verkündet wurde. Drei Jahre später wurde die Mongolische Volksrepublik proklamiert und der alte Name der Hauptstadt „Urga" in Ulaanbaatar getauscht. Ursprünglich geht diese Stadt auf das im Jahre 1639 gegründete Kloster Örgöö zurück, wovon sich der alte Name Urga ableiten lässt.

Die Mongolen sind ursprünglich ein Volk von Viehnomaden. Noch heute leben ungefähr ein Drittel der Bevölkerung als Nomaden oder Halbnomaden auf dem Land, weit über die Mongolei verstreut, fast noch so, wie viele Generationen vor ihnen. Ulaanbaatar ist daher eine relativ junge Stadt, umgeben von einigen Jurtenvierteln und vielen hässlichen, grauen, sehr einfachen Plattenbausiedlungen, wie sie typisch für postsozialistische Städte sind.

Über eine steile sandige Piste gehe ich der Stadt entgegen. Edelweiß wächst wieder links und rechts von mir. Ich nähere mich Ulaanbaatar direkt von Norden, gehe über eine mit Plastikmüll verdreckte Wiese durch ein ansonsten grünes Tal. Kühe, Schafe und Ziegen grasen. Hier und da sehe ich eine Kuh oder Ziege mit einer bunten Plastiktüte im Maul.

Die ersten Vororte tauchen auf. Meist Gers innerhalb eines Bretterverschlages oder einfache Häuser aus Holz. Magere zottelige Hunde laufen umher und schauen mich genauso verdutzt an wie die Leute aus dieser Siedlung. Aber niemand spricht mich an.

Der Weg zieht sich scheinbar endlos weit ins Tal hinab. Ich bin müde, sehne mich nach einer warmen Dusche, einer warmen Mahlzeit und nach einem Bett. Je näher ich der eigentlichen Stadt komme, umso öfter halten Taxifahrer an und wollen mich mitnehmen. Ich widerstehe der Versuchung so lange, bis ich mich im Straßengewirr von Ulaanbaatar nicht mehr zurecht finde. Die Stadt ist doch wesentlich großflächiger angelegt, als ich vom Pass aus erkennen konnte. Weil ich keine genaue Karte der Stadt besitze, weiß ich nicht, wo ich mich befinde. Keiner versteht mich oder kann mir den Weg weisen. Meine Motivation ist wieder an einem Tiefpunkt angelangt.

Außerdem sind meine Magen-Darm-Probleme weiter treue Begleiter. Das nächste Taxi, das an mir vorbeifährt, halte ich an. Ich versuche zu erklären, wohin ich möchte: „Zur deutschen Botschaft bitte", sage ich ihm in schlechtem Khalkha-Mongolisch, wie die offizielle Landesprache genannt wird. Sie unterscheidet sich von dem Mongolisch, das die ungefähr fünf Millionen Mongolen sprechen, die in der von China besetzten Inneren Mongolei leben. Er nickt und hat mich verstanden. Sieben Kilometer später stehe ich vor dem weißen Gebäude der Botschaft. Die vertraute schwarz-rot-goldene Flagge ist vor dem Gebäude gehisst. Ich klingle, frage nach Michael Rossbach, den ich vor einiger Zeit bei der Eröffnung der Usbekischen Botschaft in Berlin kennen gelernt habe und der hier arbeitet.

Das Zaluuchuudhotel ist ein Mittelklassehotel und sehr zentral im Studentenviertel gelegen. Die Nacht mit Frühstück in einem Einzelzimmer mit Fernseher, Minibar, Telefon und Badewanne kostet mich 30 US-Dollar. Ich checke ein, dusche ausgiebig und gehe dann in ein italienisches Restaurant Pizza und einen großen Salat essen. Mir gegenüber sitzt ein junges europäisches Paar. Verliebt schauen sie sich an und stöbern in einem Mongoleireiseführer. Ich fühle mich elend und krank und zweifle an meiner Reise. Es gestaltet sich doch alles etwas anders, als ich es mir in meinen Träumen und Gedanken ausgemalt habe. Ich komme mir einsam und verlassen vor. Werfe ich einen Blick auf meine Übersichtskarte, so stelle ich fest, dass ich zwar gut vorangekommen bin, erstaunlich gut sogar, dass aber noch drei Viertel meines Weges vor mir liegen – in dem Zustand, in dem ich mich befinde, unvorstellbar. In den Minuten, in denen ich auf den Salat und die Salamipizza warte, überfällt mich unendliche Müdigkeit und Kraftlosigkeit. Die Anstrengungen der vergangenen Wochen lassen meinen Körper schwer werden. Ich brauche dringend viel Schlaf, Erholung – und neuen Mut.

Und wohl leider auch neue Wander- oder Laufschuhe, wie ich feststelle, als mein Blick müde auf den Boden sinkt. Die Schuhe, die ich mir vor der Reise gekauft habe, sind dermaßen verschlissen, das Oberleder so hart geworden und das Corduragewebe so spröde, dass ich sie unmöglich weiter tragen kann. Ich verfluche die Schuhe und diejenigen, die sie hergestellt haben.

Ich schlafe lange, gehe nach dem ausgiebigen Frühstück in ein Internetcafé und besorge mir bei der Hauptpost eine Telefonkarte, mit der ich billig vom Hotelzimmer aus nach Deutschland telefonieren kann. Weil das Visum für meine geplante Tour nicht ausreicht, das ich für 60 Tage von der Mongolischen Botschaft in Berlin ausgestellt bekommen habe, fahre ich zusammen mit Urna von SSS-Travel, einem Reisebüro in der mongolischen Hauptstadt, die mir als Reisehilfe von einer Mongolin in Deutschland empfohlen wurde, zur Anmeldestelle für ausländische Touristen. Touristen aller Nationalitäten kommen hier zusammen. Die wenigsten haben einheimische Unterstützung dabei. Vier Stunden später kann ich mir mein um 30 Tage verlängertes Visum abholen. In der Zwischenzeit laufe ich auf der Suche nach Spiritus oder brennbarem Alkohol und Sportschuhen in Größe 46 durch Ulaanbaatar. Fündig werde ich vorerst nicht. Entmutigt fahre ich mit einem Taxi zur Ausländerbehörde, wo ich das Visum bekomme.

Dort komme ich mit Juli, einem Mädchen aus der Schweiz, ins Gespräch. Sie erzählt mir, dass sie mehrere Tage bei Hirten auf dem Land außerhalb der Hauptstadt gewohnt habe. Von dieser gastfreundlichen Familie ist sie so begeistert, dass sie am nächsten Tag wieder dorthin zrückkehren will. Wir fahren zusammen zurück ins Stadtzentrum und gehen chinesisch essen. Als ich ihr von meinem nächsten Ziel Karakorum erzähle, hat sie eine interessante Geschichte auf Lager.

„Auf meinem Hinflug habe ich neben Professor Hans-Georg Hüttel von der Bonner Universität gesessen", sagt sie und kramt eine Visitenkarte hervor. „Er hat mir viel über Karakorum, die Mongolei und Dschingis Khan erzählt, unglaublich interessant."

Das glaube ich ihr gerne, denn ich habe ihn kurz vor meiner Abreise auf einer Jubiläumsfeier der Deutsch-Mongolischen Gesellschaft in Bonn kennen gelernt und mich mit ihm unterhalten. Ich hoffe, ihn in der altmongolischen Hauptstadt treffen zu können. Eigentlich hatte er mir von meiner Solowanderung abgeraten, mich dennoch eingeladen, mir die Ausgrabung anzuschauen, wenn ich dort schon vorbeikomme. Das werde ich selbstverständlich tun.

Am nächsten Tag fährt Juli mit einem Taxi raus in die Steppe. Ich bleibe noch einen weiteren Tag in der Hauptstadt der Mongolei. Mein erstes Ziel an diesem Morgen ist das Büro von Helge Reitz, Inhaber eines Reiseunternehmens. Helge ist Deutscher und ich bin froh, als ich ihn in dem schlichten Großraumbüro mit dem Holzfußboden antreffe. Ein Ventilator läuft auf Hochtouren, die Fenster sind weit geöffnet, damit Wind reinkommt und die Hitze verschwindet. Karten und Bilder schmücken die weißen Wände. Aufmerksam hört er meinem Plan zu, in die Südgobi zu Fuß vorzustoßen.

„Dort unten gibt es nur sehr wenige Hirten und die Wasserstellen sind rar. Wenn du willst, so können wir dir die GPS-Daten der Wasserstellen, die auf deinem geplanten Weg liegen, heraussuchen. Die Strecke von hier nach Karakorum zieht sich und ist nicht besonders empfehlenswert.

Gerade jetzt im Sommer ist die Steppe sehr trocken, das Gras mehr braun als grün. Ich würde sie nicht gehen wollen. Allein schon mit dem Jeep ist es langweilig." Ich erkläre ihm, dass ich trotzdem an meinem Plan festhalten will, aber ich bin entmutigt.

Helges Mobiltelefon klingelt. Er spricht mit jemandem Mongolisch. Nach etwa zehn Minuten legt er auf. „Tut mir Leid, aber ich habe im Moment viel zu tun. Es ist Hauptsaison. Komm auf jeden Fall vorbei, wenn du zurück von der Wanderung bist. Ich bin gespannt auf deinen Bericht, und wie weit du letztlich gekommen bist."

Ich nutze noch schnell die Gelegenheit und schildere ihm mein Schuhproblem. Er empfiehlt mir prompt die Märkte der Umgebung. Also suche ich alle Märkte, die ich finden kann, nach Turnschuhen ab. Leider sind alle Laufschuhe, die ich an den kleinen Ständen, die dicht an dicht in den großen Hallen stehen und die fast alle die gleichen billigen Markenkopien „Made in China" anbieten, zu klein. Lediglich Basketballschuhe bekäme ich in einer passenden Größe, aber die sind zum Wandern wirklich ungeeignet.

Ich bin ratlos. Nachdem ich jede Markthalle und einige Outdoorläden besucht habe, nagt die Verzweiflung an mir. Mit meinen Schuhen komme ich nicht mehr weit. Und Spiritus habe ich auch keinen mehr. Helge zufolge bekommt man den nur in kleinsten Mengen in Apotheken, und der große Schwarzmarkt ist vor einigen Tagen auf unbestimmte Zeit geschlossen worden. Dort hätte ich vielleicht brennbaren Alkohol bekommen. Also gehe ich weiter durch die Straßen der Stadt und entdecke endlich ein gut sortiertes Sportfachgeschäft. Alles Markenartikel, den Preisen nach zu urteilen keine Fälschungen. Ich erkläre dem jungen Verkäuferinnen mein Schuhproblem. Überrascht schauen sie auf meinen Füße. Größe 46! Ich werde bevorzugt behandelt, schließlich finden sie ein Paar, dass einigermaßen passt –

das heißt, die Schuhe sitzen wie angegossen, nirgendwo ist mehr Platz, wenn sich die Füße beim Wandern und unter der hohen Belastung ausdehnen. Demnach sind sie zwar mindestens zwei Nummern zu klein, aber ich finde keine besseren und bin des Suchens überdrüssig. Umgerechnet zahle ich 90 Euro für das Paar. Eine Investition, die sich auszahlen wird.

9. Unter Geiern

Von Ulaanbaatar nach Lun

Mit einem Ruck wache ich auf. Im Traum habe ich auf dem Bauernhof meines Patenonkels Schüler hingerichtet! Die Schüler haben dagegen nicht einmal protestiert. Ich kann diesen Traum nicht deuten und versuche es auch gar nicht erst. Mein Referendariat zum Sonderschullehrer für erziehungsschwierige Schüler habe ich vor dieser Tour erfolgreich abgeschlossen. Es war nicht immer einfach gewesen, aber so schrecklich auch wieder nicht, dass ich auf die Idee gekommen wäre, Schüler hinzurichten. Ganz im Gegenteil: Der Abschied von ihnen fiel mir nicht leicht, hatten sie sich doch auf der letzten Klassenfahrt kurz vor den Sommerferien sehr herzlich von mir verabschiedet und mir viel Glück für die bevorstehende Wanderung gewünscht. Ich solle ja immer genügend Wasser mitnehmen oder am besten noch einen Jeep benutzen auf meinem Weg in die Gobi, sagte mir ein Schüler.

Die Haupteinkaufsstraße Ulaanbaatars ist mir nach den drei Tagen Aufenthalt vertraut. Diesmal trage ich aber wieder den schweren Rucksack auf dem Rücken. Der Verkehr ist dicht. Auf den Bürgersteigen sind viele Leute unterwegs, gehen einkaufen oder zur Arbeit. Die wenigen Touristen, die ich im Stadtzentrum gesehen habe, verschwinden, als ich mich weiter aus dem Zentrum entferne. Ich folge der Straße Richtung Osten, dort, wo der internationale Flughafen liegt. Hässliche, mit einfachen Graffitis beschmierte Plattenbausiedlungen stehen rechts und links der Straße. Auf einer Wand lese ich „Ricos Gang“. Rico hieß einer meiner Lieblingsschüler. Die Schule verfolgt mich also nicht nur in meinen Träumen. Dann sehe ich einige Nachtclubs, Karaokebars und Stripteaseläden. Nicht weit voraus ragen die

Schlote des Energiekraftwerkes in den Himmel, auf die ich vor drei Tagen vom Pass aus blickte. Langsam gehe ich daran vorbei. Die große Hauptstraße gabelt sich. Ich folge dem Hauptstrang und stelle fest, dass der Verkehr abnimmt, je weiter ich mich von Ulaanbaatar entferne. Nach gut zehn Kilometern liegen selbst die Außenbezirke der Stadt hinter mir. Fünf Kilometer später gehe ich am Flughafen vorbei. Nach weiteren vier Kilometern zweigt eine Straße nach Bayankhongor ab, dem Aimakzentrum, das ich am Nordrand der Gobi ansteuern werde. Ich folge der asphaltierten Straße nach Norden und biege dann irgendwann querfeldein gen Osten ab. Jeepspuren ziehen sich über die trockene, hügelige Steppe. Plötzlich sehe ich hinter einer Hügelkuppe einen großen japanischen Jeep. Zwei junge Männer, einer mit einem Schnellfeuergewehr bewaffnet, das ursprünglich für andere Zwecke als für die Murmeltierjagd gebaut wurde, stehen erwartungsvoll und ruhig am Fahrzeug. Ich gehe auf sie zu und grüße freundlich. Besonders redselig sind die Männer nicht. Vielleicht liegt es an der Tatsache, dass sie einen Tag früher als offiziell erlaubt Jagd auf die kleinen Nagetiere machen und sich von mir ertappt fühlen. In der Mongolei gilt das Murmeltier als absolute Delikatesse.

Über die kaum Orientierung bietende Steppe gehe ich jetzt nur nach Himmelsrichtung. Mein nächstes Ziel, Karakorum, liegt ungefähr 350 Kilometern Luftlinie entfernt weiter im Osten.

Zufällig laufe ich durch den Startbereich des nationalen Naadam-Pferderennens. Ich erkenne es aus Fernsehberichten wieder und stelle mich aus Jux mit meinen neuen Laufschuhen ohne Rucksack an die Ziellinie und schieße ein Foto. Für einen Crosslauf wäre das Gelände nicht übel, aber ich bezweifle, dass sich genügend Mongolen für einen Wettlauf fänden. Laufen ist einfach nicht populär; die Freuden des Wanderns sind noch unentdeckt.

Es wird Abend und ich überlege, wo ich in der baumlosen, windigen Steppe einen geeigneten Platz zum Übernachten finden kann. Ich bin froh, als ich einen Hirten sehe, der auf mich zureitet. „ßän bänoh", grüße ich. Freundlich grüßt er zurück. Ich frage ihn, ob ich in der Nähe seiner Jurte mein Zelt aufschlagen darf. Er nickt. Ich folge ihm und seinem Pferd zu den drei Gers, die er mit seiner Familie und seinen Eltern bewohnt. Das kleinere Ger dient als Vorratsraum. Hier wird die Milch der Schafe, Ziegen und Kühe weiterverarbeitet und für die heißen Sommermonate haltbar gemacht. Als ich meinen Rucksack ablege und der Mongole mich in sein Ger bittet, bin ich nicht der einzige Fremde. Ein hagerer, großer Japaner und eine kleine, dünne Japanerin sind ebenfalls zu Gast. Ihr Aufenthalt wurde von einem Reiseunternehmen arrangiert. Pro Tag und Nacht zahlen sie 15 Dollar und dürfen so am mongolischen Hirtenleben aktiv teilnehmen. Eigentlich hatte ich vor, mein Zelt im Windschatten der Jurten aufzustellen, jetzt bittet mich die Familie jedoch, bei ihnen zu bleiben. Ich bin gespannt, was sie als Preis für Kost und Logis von mir verlangen werden und genieße vorläufig schon mal die mir dargereichte Nudelsuppe mit etwas Fleisch und Kartoffeln.

Am nächsten Morgen hängen graue Regenwolken dicht über der Steppe, es nieselt leicht. Kalt ist es aber nicht. Meine Gastfamilie bereitet sich auf einen Umzug zu einer anderen Weide vor. Die mongolischen Nomaden ziehen unterschiedlich oft um: Einige wechseln nur vier Mal im Jahr ihre Weideplätze, andere wiederum wesentlich öfter, je nachdem, wie fett die Wiesen sind, die das Vieh ernähren müssen. Für alle Jahreszeiten haben sie feste Plätze, an denen sie jedes Jahr aufs Neue mit ihrem gesamten Hausrat und Viehbestand hinziehen. Für die Hirten bedeutet solch ein Umzug Veränderung und Spannung. Besonders die Kinder freuen sich darauf. Bei solchen Anlässen beweist sich die Genialität des mongolischen Gers: Innerhalb von nur einer Stunde ist sie auf- oder abgebaut. Früher wurde sie auf Yak- oder Kamelrücken transportiert, heute werden LKWs benutzt.

Das Ger besteht aus einem festen, oft rot angemalten und mit orangefarbenen oder weißblauen Ornamenten verzierten Türrahmen, einem etwa einen Meter hohen Scherengitter aus Holz, das in einem Kreis aufgestellt wird. Darauf kommen die das Filzdach tragenden Holzstangen, die oben in einer Art Radkranz eingesteckt werden, der gleichzeitig als Licht- und Kaminöffnung dient und bei Regen oder Schnee zugedeckt werden kann. Bekleidet wird diese an die nomadische Lebensweise ideal angepasste Wohnstätte mit mehreren Filzlagen, die je nach Hitze zur guten Durchlüftung am Scherengitter hochgeschoben werden können. Heutzutage besteht die äußere Lage meist aus einem weißen Leinenstoff. Die Innenausstattung der Gers ist in der Regel bescheiden: ein gusseiserner Ofen mit langem Ofenrohr zum Kochen und Heizen, ein, zwei Betten, einige bunte Truhen für Decken und Kleider, etwas Kochgeschirr und ein kleiner Tisch mit kleinen schemelartigen Holzstühlen. Einige Familien besitzen auch kleine Solaranlagen, mit der sie Strom für Fernseher, DVD-Geräte, Radios oder Glühbirnen gewinnen.

Zur Feier des Tages soll ein Schaf geschlachtet werden. Der Kopf der Familie fängt eins, legt es auf eine stark verschmutzte Plastikdecke und ersticht das Tier mit einem gekonnten Messerstich. Sein gerade mal fünf Jahre alter Sohn, der besonders viel Freude daran hat, die kleinen Kälbchen am Schwanz zu ziehen, hockt begeistert neben seinem Vater und schaut ihm interessiert zu, wie dieser mit seinen blutverschmierten Händen und Armen das Schaf ausnimmt. Die beiden zotteligen Hunde liegen voller Erwartung auf einen Leckerbissen ganz in der Nähe und beobachten alles genau mit ihren glühenden Augen.

Nach den ganzen Suppen, die ich bisher in den Jurten angeboten bekommen habe, schmecken die mit Zwiebeln gebratenen Innereien besonders gut, die im Ofen zubereitet werden. Als ich aufbrechen will, frage ich die Gastgeberin, was sie für ihre Mühen bekommt. Mit einer Handbewegung winkt sie ab. Ich bestehe aber auf einer kleinen Bezahlung und frage sie, ob sie sich nicht etwas wünscht, auf das sie spart. Sie zeigt mir eine kleine Dose mit einigen Tugrukscheinen und zeigt auf ihre Ohren, die zwar kleine Löcher zieren, aber keine Ohrringe. Ich fülle den noch fehlenden Betrag auf und freue mich, dass ich ihr ebenfalls eine Freude machen konnte und mich für die Gastfreundschaft auf diese Art und Weise bedanken kann, schließlich habe ich den gleichen Service und dieselben Eindrücke in das Leben von mongolischen Hirten erhalten wie die beiden zahlenden japanischen Gäste.

Als ich mich nach einer Stunde Fußmarsch umdrehe, sehe ich immer noch die weißen Gers. Die braune Steppe erstreckt sich weit. Mein Blick reicht nicht selten zwanzig Kilometer bis zum nächsten Hügel. Die einzige Abwechslung sind umherlaufende Pferde und der Verkehr auf der nahegelegenen Straße. Das Gestrüpp der Steppe ist niedrig und vom Vieh abgegrast. Der nächste größere Ort, der auf meiner Karte eingezeichnet ist, ist über hundert Kilometer weit entfernt. Am Mittag gehe ich hinüber zur Straße. Von der Steppe aus habe ich eine Ansammlung kleiner Hütten gesehen, die sich als kleine Restaurants entpuppen, in denen die LKW Fahrer essen. In eines dieser Einraumcafés kehre ich ein. Ich bestelle Buuz, die fettigen Maultaschen. Ich habe auch keine andere Wahl, denn es ist das einzige Gericht, das angeboten wird. Dazu trinke ich gesalzenen Milchtee. An einem winzigen Kiosk, dessen Angebot vor allem aus Zigaretten besteht, kaufe ich etwas zu trinken, einige Fruchtbonbons und zwei Packungen Doppelkekse mit dem viel versprechenden Namen „Disco". Danach verlasse ich wieder die Straße und schlage mich durch immer dichter werdende, kniehohe Kräuter. Bis zum nächsten Pass sind es noch mindestens fünf Kilometer, schätze ich. Vor seinem Abschied hatte Frank mir verraten, dass ich die geschätzte Kilometerzahl mit drei multiplizieren muss – den mongolischen Faktor, wie er es nannte – um auf die tatsächliche Entfernung zu kommen. Demnach wären es noch 15 Kilometer. Mindestens vier Stunden, wenn ich mich weiter durch das Gestrüpp schlage. Ich beschließe, näher zur Straße zu gehen, weil es dort nicht so hoch wächst und ich besser vorankomme.

Wandern in solch einer eintönigen Gegend stellt eine große Herausforderung für den Geist dar. Es gibt nichts Bedeutungsvolles, auf das der Wanderer seinen Blick richten kann. Also kehrt er ihn immer mehr nach innen, grübelt über Sinn des Unternehmens und des Lebens nach und muss sich immer wieder aufs Neue motivieren weiterzugehen, um sich nicht einfach hinzusetzen und aufzugeben.

Es ist erst der zweite Tag, nachdem ich Ulaanbaatar verlassen habe. Meine Magen- Darmgeschichte hat sich ein wenig beruhigt, die neuen Schuhe entpuppen sich als Glücksgriff.

Wenige hundert Meter entfernt rollen zwei Radfahrer auf der Straße entlang. Sie kommen aus Karakorum und fahren wie Radrennfahrer im Windschatten hintereinander. Ich winke, aber sie sehen mich nicht. Ja – mit dem Rad wäre ich ohne große Probleme in zwei Tagen in der altmongolischen Hauptstadt, denke ich, als ich die anstehende Hügelkette in Angriff nehme. Wären da nicht die herzlichen Begegnungen mit den Mongolen, dann hätte mich wahrscheinlich schon längst der Mut verlassen. Oben auf dem Hügel angekommen, sehe ich einige Gers und Bretterbuden.

Prompt werde ich von ein paar Jungs zu Tee und Keksen in die Jurte ihrer Eltern eingeladen. Nach einer kleinen Erholung ziehe ich weiter, bis es dunkelt.

Weit und breit kann ich keinen gemütlichen oder geschützten Schlafplatz finden. Auf einem Feld, auf dem eine hüfthohe, dunkle, drahtige Pflanze wächst, entdecke ich eine kleine Mulde. Die Pflanzen sind von einem Traktor plattgedrückt worden. Im Dunkeln schlage ich mein Zelt auf. Der Boden ist so hart, dass ich die dünnen Titanheringe nur mit aller Mühe hineinbekomme. Seit Wochen kann es in der Steppe der Zentralmongolei nicht mehr geregnet haben. Ich liege im Zelt und höre die Autos, Busse und LKWs, die auf der Straße die ganze Nacht vorbeifahren. Ab und zu werfen ihre Scheinwerfer einen hellen Lichtkegel auf mein Zelt. Habe ich mich tagsüber in Tagträume geflüchtet, an die Zeit mit Frank in Sibirien gedacht, an meine Freunde zu Hause, an all die schönen Dinge, die ich tun werde, sobald ich wieder daheim bin, so warte ich jetzt darauf einzuschlafen. Mit großer Hoffnung denke ich an die schönen Träume, die ich diese Nacht haben werde und die mich in eine andere Welt führen. Manchmal weiß ich selbst nicht, was nun Realität ist: meine Wanderung oder die Welt der Träume. Beide ergänzen sich wunderbar. Denn würde ich nachts nicht so intensiv und bildlich träumen, dann könnte ich mich tagsüber nicht mehr so gut motivieren.

Die dünne Isomatte ist nicht bequem, dafür aber sehr leicht. Gut schlafe ich nicht, häufig werde ich wach, weil mir die Schultern oder die Hüfte schmerzen. Umso erstaunter bin ich jeden Morgen aufs Neue, wie sich mein Geist und Körper von den Strapazen der langen Märsche mit schwerem Gepäck durch eine ermüdende Steppenlandschaft erholen. Jeden Morgen habe ich neue Energie und freue mich, wieder losgehen zu können, nur um festzustellen, dass sich an der Landschaft nichts ändert, dass sich meine Gedanken immer um die gleichen Dinge drehen und dass ich versuche, möglichst viele Kilometer pro Tag zu schaffen, um meinem nächsten Ziel näher zu kommen.

Am folgenden Tag treffe ich Matthias aus der Schweiz. Er ist mit dem Fahrrad unterwegs. In China ist er gestartet und will noch bis Ulaanbaatar. Ihm gefällt die Monotonie der braunen Steppe. Ich kann seine euphorische Stimmung nicht teilen. Helge hat Recht behalten.

Die Temperaturen liegen bei knapp 40 Grad Celsius in der Sonne. Schatten sucht man hier vergebens. Es gibt einfach nichts, was in einer baum- und strauchlosen zentralasiatischen Steppe Schatten spenden könnte. Die Täler ziehen sich weit. Ich kann morgens schon sehen, wo ich abends mein Nachtlager errichten werde. Einzige Abwechslung sind die alle 20 Kilometer auftauchenden kleinen Truckstops, wie ich sie nenne. Kleine Restaurants und Lebensmittelbuden, in denen ich eine warme Mahlzeit und, wenn ich Glück habe, auch noch ein kühles Bier und etwas deutsche Schokolade bekomme. Nicht dass ich Schokoladenpatriot wäre, aber die in der Mongolei ansonsten erhältliche russische Schokolade schmeckt mir überhaupt nicht.

Für die Durchschreitung eines Tals brauche ich mindestens einen halben Tag, und die Steppe entpuppt sich als Halbwüste. Es gibt mehr Sand und Steine als Gras. Von weitem erscheint sie an wenigen Stellen noch grün, meistens jedoch braun. Bei näherer Betrachtung stelle ich fest, dass die Abstände zwischen einem völlig verdorrten Grashalm oder einer Schnittlauchpflanze und der nächsten mindestens einen halben Meter betragen. Dazwischen ist es knochentrocken.

Ich gehe in einem Abstand von etwa einem halben Kilometer abseits der Straße, als plötzlich ein Jeep hält und die Fahrerin mich herbeiwinkt. Sie ist Europäerin, hat kurze, braune Haare. Ich schätze sie auf Anfang vierzig. Sie spricht mich auf Englisch an. Sofort merke ich, dass sie Deutsche ist und stelle mich auf Deutsch vor. .

Barbara, so heißt sie, ist mit ihrem Sohn, Konni, der ungefähr zehn ist, ebenfalls auf dem Weg nach Karakorum. Als sie mich fragt, warum ich gerade diese Strecke für meine Wanderung gewählt habe, lasse ich meinem Frust über die öde Steppe freien Lauf. Ich erzähle ihr von meiner Reise, vom Start am Baikalsee und dem Ziel, der Wüste Gobi.

„Am Baikalsee? Vor vier Wochen?", erstaunt blickt sie mich an. „Das ist ein weiter Weg gewesen" Sie überlegt kurz und fragt dann: „Hast du Lust, etwas für einen Reiseführer über die Mongolei zu schreiben, wenn du wieder in Deutschland bist?" Habe ich natürlich, aber ich scheine ein überraschtes Gesicht zu machen, denn sie erklärt, dass sie Autorin eines Mongolei-Reiseführers sei, der aktualisiert werden solle. Über die Mongolei als Wanderland stehe noch nichts drin.

„Brauchst du irgendetwas?", fragt sie mich zum Abschied, „vielleicht etwas französisches Brot und Yakkäse? Konni, hol doch mal die Sachen aus dem Auto und bring gleich noch die Tüte Gummibärchen mit, damit Michael da mal reingreifen kann."

Konni geht an die Heckklappe und kommt mit einer großen Plastiktüte mit den genannten Leckereien zurück. Das französische Brot und den schmackhaften Yakkäse esse ich mit Genuss.

„Können wir sonst noch etwa für dich tun?", fragt sie mich. „Sollen wir jemanden zu Hause anrufen und Bescheid geben, dass es dir gut geht?"

„Das wäre nett. Ich weiß nicht, ob ich vor Karakorum noch telefonieren kann oder ins Internet komme."

Ihren Wagen erkenne ich noch nach Kilometern als dunklen Punkt. Ich gehe abermals ein Stück in die Steppe hinein und habe die Teerstraße als schwarzes Band immer vor Augen. Ausgeblichene Tierskelette liegen in unregelmäßigen Abständen in der tristen Landschaft. Die Tiere sind wahrscheinlich angefahren worden, oder Hirten haben sie geschlachtet und das liegen lassen, was sie nicht brauchten. Einige Male stoße ich auf kleine Haufen von Tierknochen, und einmal sehe ich ein dunkles, etwa kalbgroßes Tier an einem stinkenden Kadaver zerren, den ich schon von weitem rieche. Erst denke ich an einen riesigen Hund, aber dann erkenne ich, wie das Tier immer leicht auf und ab schwebt und sehe zwei große Flügel. Es ist ein riesiger Vogel, ein Geier, der mich noch nicht bemerkt hat und in aller Ruhe der Kuh Fleischfetzen vom Leib reißt. Bedacht schleiche ich mich heran, um den Vogel besser beobachten zu können. Leider habe ich aus Gewichtsgründen das Teleobjektiv zu Hause gelassen und versuche nun, mich dem Tier zu nähern. Aber bevor ich nahe genug dran bin, um ein gescheites Foto zu machen, bemerkt mich der Geier, verlässt hastig mit schwingenden Flügeln den Kadaver, um zu einem kurzen Flug anzusetzen. Von seinem neuen Standort beobachtet er mich vorsichtig. Ich gehe mir den Kadaver anschauen. Es ist eine Kuh. Ihr Gesicht ist zu einer Fratze verzerrt, der Bauch aufgeplatzt, sodass die Gedärme wie ein Knäuel nasser, blutverschmierter Seile heraushängen. Es stinkt bestialisch. Gerne überlasse ich dem Geier wieder sein Mahl und gehe schnell weiter, um dem stechenden Verwesungsgeruch zu entfliehen.

Vor mir taucht ein kleiner See auf. Kraniche und Enten fliegen auf. Ganz in der Nähe stehen drei Gers. Der Himmel sieht bedrohlich aus. Über mir baut sich ein gewaltiges Gewitter auf. Das Licht wird wunderschön dunkel. Die Sonnenstrahlen kommen nur noch stark gefiltert durch die dichte, blauschwarze Wolkendecke hindurch und tauchen die ansonsten so trübselig ausschauende Steppenlandschaft in ein einmaliges buntes Licht. Die Steppe scheint an allen Ecken und Enden zu brennen. Das aufziehende Gewitter lässt eine geradezu apokalyptische Stimmung entstehen.

Ein junger Mongole kommt auf einem roten Motorrad angefahren und lädt mich zu sich nach Hause ein. Zwei weitere Jungs reiten im Galopp auf mich zu, wenden kurz vor mir und lachen über ihr vorgeführtes Reiterkunststück. Ich folge ihnen zu ihrem Ger. Es ist eine schöne Jurte. Der Eingang zeigt wie immer nach Süden. Zwei Betten stehen jeweils im Westen und Osten direkt an der Filzwand, ein kleiner buddhistischer Altar mit einem Bild des Dalai Lama steht im Norden des Wohnraumes, und einige bunte Teppiche schmücken die Seitenwände. Der Boden ist festgetreten. Ein kleiner Tisch mit drei Holzstühlchen dient als Essstätte. Bojo, der Motorradfahrer, seine Frau Altenzazach und ihre kleine Tochter Ingzol bemühen sich, sehr gute Gastgeber zu sein. Mittlerweile ist mir ein hohes Maß an Gastfreundschaft von den Mongolen vertraut, aber diese Familie gibt sich Mühe, alle anderen Familien, bei denen ich bisher übernachtet habe, zu übertreffen. Die zwei Reiterjungs sind auch im Ger und trinken mit uns Tee. Eine Ärztin aus dem nahegelegenen Sumzentrum Lun, nach den Aimakzentren die nächstgrößere Verwaltungseinheit, behandelt Bojos Husten. Hätte ich gewusst, was in der folgenden Nacht auf mich zukommen wird, so hätte ich sie überredet, auch hier zu übernachten.

Die Kommunikation beschränkt sich wie so oft auf eine Kombination aus meinen wenigen Worten Mongolisch, die Karte mit dem geplanten Verlauf meiner Reiseroute, einigen primitiven Zeichnungen und Gestik mit Händen und Füßen. Wie schon auf anderen Reisen in fremde Länder, deren Sprache ich nicht oder kaum mächtig war, stelle ich fest, wie gut man sich nonverbal verständigen kann. Nie kommt Langeweile auf, oder vollkommenes Unverständnis. Nie fühle ich mich fehl am Platz, unwohl oder gar nicht willkommen. Gegessen wird typisch Mongolisch: Nudelsuppe und ungesalzener Käse. Weil es mir wieder besser geht, esse ich reichlich davon.

Der Alltag der Nomaden wird vom Sonnenlicht und den Jahreszeiten bestimmt, insbesondere dann, wenn kein elektrisches Licht in der Jurte vorhanden ist und die Kerzenvorräte rar sind. Morgens stehen die mongolischen Männer in der Regel später auf als ihre Frauen und Töchter, die das Vieh melken und das Frühstück vorbereiten.

Wir gehen um elf Uhr zu Bett. Altanzazach und Bojo schlafen zusammen in einem kleinen Bett, das mit Vorhängen zugehangen werden kann, damit dem jungen Ehepaar wenigstens noch ein kleiner Rest Intimsphäre in dem ansonsten wandlosen Raum bleibt. Ihre Tochter Ingzol schläft im zweiten Bett, während ich es mir mit Decken und meiner Isomatte auf dem Fußboden gemütlich mache. Die Gemütlichkeit lässt schnell nach, als kleine, schwarze Käfer in meinen Schlafsack krabbeln. Es kribbelt am ganzen Körper. An Schlaf ist nicht zu denken. Mitten in der Nacht kämpfe ich mich ruckartig aus dem Schlafsack, stürze eilig zur Jurtentür und laufe barfuß zur Schaf- und Ziegenherde hinüber. Dort ziehe ich mir so schnell ich kann die Hose runter und übergebe mich gleichzeitig. Etwas erleichtert, aber immer noch mit flauem Magen, krieche ich im Ger wieder in meinen Schlafsack. Es ist ruhig. Anscheinend hat mein fluchtartiges Verlassen der Wohnung keiner mitbekommen. Abermals spüre ich leichtes Krabbeln im Schlafsack. Die kleinen schwarzen Käfer leisten mir wieder Gesellschaft. Keine zwei Stunden später verlasse ich meinen warmen Schlafsack ebenso schnell wie zuvor. Diesmal komme ich aber nur bis zur Tür und übergebe mich direkt davor. Viel zu schwach, um mich weiter darum zu kümmern, kehre ich zu meiner Schlafstätte zurück und lege mich erneut total ermattet nieder. Am nächsten Morgen sind alle meine Spuren entfernt.

Wo alles begann (Südufer des Baikalsees)

Auf dem Weg nach oben (Hamar-Daban-Gebirge) *Foto: F. Hülsemann*

Zweimal in demselben Fluss (Hora-Murin)

Die kleine Kirche am Rande der Stadt (Petropawlowka)

Einfaches Ger von außen

Einfaches Ger von innen

Freuen sich immer über Besuch: Kinder in der Mongolei

Ein erfolgreiches kleines Familienunternehmen: Aarolherstellung

Täglich grüßen Murmeltierjäger

Gut geschützt: Nomade auf Edelweißwiese

Zwischen Himmel und Erde (Naiman Nuur)

Neues von gestern (Ausgrabungen in Karakorum)

Knochenjob: Wandern in der Steppe

Feierabendverkehr

Auch auf der Suche nach Wasser: Kamele in der Gobi

Der größte Rastplatz der Welt (Wüste Gobi)

Der starke Gewitterregen und die Hunde haben mir diesmal einen Gefallen getan. Ich bin unglaublich erleichtert, niemand scheint etwas gemerkt zu haben.

Bojo bleibt wie ich ebenfalls im Bett liegen. Sein Husten hat sich verschlimmert. Meine Übelkeit ist seit dieser Nacht geblieben und stärker als je zuvor. Ich fühle mich hundeelend und richtig krank. Eigentlich habe ich keine Kraft weiterzugehen, aber das nett gemeinte Angebot Bojos, noch einen Tag zu bleiben, schlage ich aus. Die letzte Nacht liegt mir noch quälend in meiner Erinnerung. Während ich ein Gemeinschaftsfoto mache und mich dabei zu meinem Ministativ hinunterbeuge, muss ich mich beinahe wieder übergeben. Ich bedanke mich mit dem Versprechen, ihnen das Foto zu schicken, und verlasse die Familie.

Die Sonne strahlt heiß. Vom Gewitterregen ist nichts mehr zu sehen, nirgends: Die Steppe ist noch genauso trocken wie tags zuvor. Für die 14 Kilometer nach Lun brauche ich fünf Stunden. Immer wieder muss ich von heftigem Durchfall gepeinigt anhalten oder mich einfach nur hinlegen, weil ich nicht mehr die Kraft habe weiterzugehen. Nach endlos erscheinenden Stunden komme ich am östlichen Ortsrand des kleinen Sumzentrums an. Das erste, was ich mit Freuden erblicke, ist das internationale, blauweiße Schild, auf dem ein Bett und ein Essbesteck abgebildet sind. In der Hoffnung, hier tatsächlich ein Hotel zu finden, spreche ich den ersten Mongolen an. Denn so schlecht wie ich mich fühle, kann ich unmöglich weiter gehen. Bis zum nächsten Ort sind es von Lun aus 65 Kilometer, ungefähr zwei Tage, für die ich Essen und Wasser brauche. Voraussetzung dafür ist aber, dass ich überhaupt fit genug bin. Der junge Mongole, den ich anspreche, ist selbst auf der Durchreise und kennt sich in dem kleinen Ort nicht aus. Apathisch schleppe ich mich durch den Ort, versuche dabei aber noch einen möglichst normalen Eindruck zu machen, den ich aber schon aufgrund dessen, dass ich mich allein zu Fuß, mit einem Rucksack auf dem Rücken und den lächerlichen Wanderstöcken in der Hand fortbewege, bei den Mongolen gar nicht erwecken kann.

Ein alter Mongole verriet mir während der Reise, dass früher die Lamas, hohe Geistliche des tibetischen und mongolischen Buddhismus, mit Stöcken auf Wanderschaft gingen. Wie bei mir diente dem geistlichen Würdenträger der Stock als Gehhilfe und Waffe gegen angriffslustige Hunde. Ich bin aber kein Lama und sehe mit meiner exotischen Ausrüstung auch nicht so ehrwürdig aus. Ich fühle mich auch nicht wie einer, sondern eher wie ein elender Hund, der von verdorbenem Fleisch gefressen hat.

Das Ende von Lun habe ich bald erreicht, aber von einem Hotel war bisher weit und breit nichts zu sehen. Vor einem kleinen Berg steht ein im gleißenden Tageslicht funkelndes, weißes Gebäude. Am Geländer des Flachdaches steht in großen lateinischen Lettern „Café". Ich gehe die kleine Betontreppe zum gläsernen Eingang hoch und trete ein. Eine junge, hübsche Mongolin, mit langen schwarzen Haaren und vollen roten Lippen begrüßt mich freundlich. Ich schätze sie auf nicht viel älter als zwanzig und frage sie, nachdem ich auf Mongolisch gegrüßt habe, ob sie vielleicht etwas Englisch spricht. „Yes, a little". Ich entschuldige mich, dass ich kaum Mongolisch spreche und frage auf Englisch, ob sie ein Zimmer für mich haben. Sie sieht mir meine Schwäche wohl an und bittet mich, kurz zu warten, verschwindet in der Küche und fragt ihren Vater, den Besitzer des Cafés. Als sie zurückkommt, sagt sie: „Komm, ich zeige dir das Zimmer, in dem du heute Nacht schlafen kannst. Es gehört meinem Bruder." Sie begleitet mich zu einer steilen Treppe, die vom Café in die oberen Räume, den Wohnbereich der Familie, hinaufführt. Ich bin ihr unendlich dankbar. Was es kostet, frage ich sie matt. „3000 Tugruk“, ist ihre knappe Antwort und sie zeigt mir in ein etwa drei mal sieben Meter großes Zimmer. Bis auf einen kleinen Tisch, ein paar zusammengelegte Decken und ein Werbeposter der koreanischen Bierbrauerei „Cass“ ist das Zimmer kahl und leer. Ich lege den Rucksack ab, prüfe die zusammengelegten Decken auf ihre Bequemlichkeit und bedanke mich mit dem Versprechen, gleich runter zu kommen. Müde, krank und ermattet lege ich mich hin und sinke sofort in einen unruhigen und von heftigen Fieberschüben geplagten Traum. Ich schwitze, vernehme, wie eine schlechte Botschaft, Donner aus der Ferne, der immer näher kommt. Der Himmel wechselt sein Gesicht von blau zu schwarz. Irgendwann höre ich den Regen heftig gegen die Fensterscheiben prasseln. All das geschieht tatsächlich, wird aber von meinem vom starken Fieber beeinträchtigten Gehirn nur noch als schattenhafte Szene wahrgenommen. Als ich nach vier Stunden wach werde, weiß ich zuerst nicht, wo ich bin. Nach und nach erinnere ich mich: Ich bin mitten in der Zentralmongolei, in einem kleinen Café, habe hohes Fieber und leide unter Diarrhö. Meine Beine sind weich wie Gummi. Jegliche Kraft ist aus ihnen gewichen, hat sich verflüchtigt, weil sie diese Wanderung absurd finden, ist geflohen vor weiteren unsinnigen Strapazen. Der absolute Tiefpunkt meiner Reise ist spätestens jetzt erreicht. Was mache ich bloß hier? Wieso um Gottes Willen bin ich auf die Idee gekommen, die Mongolei zu Fuß zu erkunden? Mir geht es wirklich nicht gut. Ich sehne mich nach meinem Bett, nach Ruhe und Geborgenheit.

Langsam und vorsichtig öffnet sich die Türe zu meinem Zimmer und reißt mich aus meiner Lethargie. Zwei kleine Jungenköpfe spähen durch den offenen Spalt und laufen kichernd die Treppe hinunter. Wahrscheinlich waren es der Bruder des Mädchens, dessen Zimmer ich beschlagnahmt habe, und sein Verwandter oder Freund, die nachschauen wollten, was der Fremde denn so lange alleine auf dem Zimmer macht.

Ich erinnere mich an das Mädchen und mein Versprechen, das ich ihr vor Stunden gegeben habe. Ich sollte zu ihr runtergehen, denke ich. Als ich langsam aufstehe, merke ich, wie schlapp ich bin. Vorsichtig gehe ich die Treppe runter. Boroo, so hatte sie sich vorgestellt, sitzt an einem Tisch und schaut mich erwartungsvoll an. „Was hast du so lange gemacht?“, fragt sie mich fast ein wenig vorwurfsvoll. Ich entschuldige mich und frage, ob sie mir eine vegetarische Suppe machen kann, und setze mich zu ihr an den Tisch. Angesichts der mongolischen Vorliebe für Hammelfleisch will ich auf Nummer Sicher gehen.

Sie steht auf, geht in die Küche und kommt kurze Zeit später mit einer „vegetarian soup“, wie sie die Suppe nennt, zurück. Als ich mit dem Löffel darin herumrühre, schwimmen kleine, fettige Fleischstückchen fröhlich auf und ab. In der Mongolei ist „vegetarisch“ wohl ein Fremdwort. Boroo studiert in Taiwan Chinesisch und ist für zwei Wochen zu Besuch bei ihren Eltern. Ihr Vater hat sie am Flughafen in Ulaanbaatar abgeholt. Auf dem Rückweg hätten sie mich vor zwei Tagen sogar gesehen und sich gewundert, wer da wandere – und warum –, berichtet sie mir, während ich nach asiatischer Sitte die heiße Suppe laut schlürfend einnehme, um wenigstens etwas im Magen zu haben und wichtige, durch den Magen- und Darminfekt verlorengegangene Salze und Flüssigkeit wieder aufzunehmen. Nachdem ich die Suppe gegessen habe, suche ich den kleinen Lebensmittelladen auf, an dem ich vor Stunden vorbeigekommen bin. Der kleine Laden ist wie ein deutscher Supermarkt sortiert. Die Lebensmittel stehen geordnet in Regalen.

Barbara hat in der Zwischenzeit bestimmt schon zu Hause angerufen und gesagt, dass es mir gut geht, aber ich suche trotzdem die winzige Poststation auf, um nach einer Telefonverbindung nach Deutschland zu fragen. Leider kann mir die Angestellte nicht helfen.

Zurück im Café gehe ich hoch in mein Zimmer, lege mich hin und schlafe sofort wieder ein.

Anderentags fühlen sich meine Beine immer noch an, als wäre ihr Hauptbestandteil eine weiche, kraftlose Gummimasse. Das Fieber ist etwas gewichen, aber klares Denken fällt nach wie vor schwer. Ich bin immer noch in einem erbärmlichen Zustand und viel zu kraftlos, um einen 23 Kilogramm schweren Rucksack die kommenden 65 Kilometer bei brütender Hitze zu schleppen. Boroo versteht mich zum Glück. Ich darf eine weitere Nacht bleiben. An diesem Abend nehme ich mein homöopathisches Konstitutionsmittel, in der Hoffnung, dass es mir hilft und mich wieder zu Kräften kommen lässt. Es ist das einzige Medikament, das sich in meiner Reiseapotheke befindet, das mir eventuell gegen eine Sommergrippe und das Fieber hilft.

An diesem Tag schlafe ich viel, unterhalte mich mit Boroo und schaue ihrem jungen Bruder und dessen Freund zu, wie sie sich mit Stöcken, die sie als Schwerter benutzen, durch das Café jagen, bis Boroos Mutter sie wütend rausschmeißt.

Wie durch ein Wunder fühle ich mich fit und gesund, als ich am nächsten Morgen die Augen öffne. Selbst meine Beine sind wieder fit, die schlappe Gummimasse scheint über Nacht durch starke Muskelpakete ersetzt worden zu sein. Ich bin heilfroh, dass es heute weiter geht und esse eine große Portion Hammel mit Nudeln zum Frühstück. Boroo und die Jungs beschenke ich mit einigen Süßigkeiten – „Hergestellt in Deutschland" –, die ich im hiesigen Supermarkt bekommen habe und bedanke mich herzlich für die Aufnahme. Ich weiß nicht, ob sie wissen, wie sehr sie mir damit geholfen haben. Ich hätte mir nichts Übleres vorstellen können, als so krank, wie ich war, irgendwo in der Steppe in meinem kleinen Zelt herumliegen zu müssen.

Boroo habe ich später einige Bilder nach Taiwan geschickt, worüber sie sich sehr gefreut hat. Ab und zu bekomme ich sogar eine E-Mail von ihr.

10. Augen wie ein Luchs

Von Lun nach Karakorum

Der Tuul Gol, den ich kurz hinter Lun auf einer schweren Betonbrücke überquere, führt um diese Jahreszeit erstaunlich viel Wasser. Am Ufer und im Wasser stehen Kühe und trinken. Sie schauen mich verwirrt an, als ich zum Fluss runterkomme. Der Gedanke, bei dem warmen Wetter schwimmen zu gehen oder mich mal wieder zu waschen, kommt mir zwar, aber die Kühe haben das Wasser im Umkreis von mehreren hundert Metern völlig aufgewühlt, so dass ich dreckiger aus dem Wasser herauskäme, als ich hineingehen würde.

Auf der Straße ist wenig los, nur ab und zu fährt ein LKW oder PKW an mir vorbei. Die meisten der Fahrer halten und erkundigen sich, woher ich denn komme und was ich zu Fuß in der Mongolei mache und wollen mich ein Stück mitnehmen. Wennn sie nicht halten, winken sie mir doch wenigstens freundlich zu.

Die 23 Kilogramm, die ich gegenwärtig zu schleppen habe, lasten schwer auf meinem immer noch vom Fieber geschwächten Körper. Bei 35 Grad Hitze in der Sonne stelle ich fest, dass mein Wasserverbrauch um die viereinhalb Liter pro Tag beträgt, was bedeutet, dass ich für drei Tage Wasser mitnehmen kann oder, anders ausgedrückt, für 100 Kilometer autark sein kann.

Etwa zwei Kilometer hinter dem Fluss teilt sich die Straße. Beide Straßen führen nach Karakorum, wobei die, welche jetzt rechts abbiegt, später nicht mehr geteert sein soll, aber für mich als Wanderer den kürzeren Weg darstellt. Ich biege also rechts ab auf die nächste Hügelkette zu. Oben auf dem kleinen Pass angekommen, hocke ich mich in den Schatten einer Felswand, esse einen Schokoriegel, etwas

Brot mit Marmelade, gönne mir einen großen Schluck Cola und schaue zwei Jeepfahrern zu, wie sie den Owoo umrunden, der den Pass markiert.

Nach der kleinen Rast schultere ich den Rucksack und blicke auf den weiteren Verlauf meines Weges. Die Straße zieht sich schnurgerade wie ein silberglänzender gerader Fluss über die tellerflache Hochebene, bis zur nächsten Hügelkette. Ich kann jetzt schon sehen, wo ich an diesem Abend mein Zelt aufstellen werde. Die Sicht bis zum nächsten Hügel beträgt mindestens 35 Kilometer und damit ungefähr das, was ich als Luftlinie zu Fuß auf und neben der Straße pro Tag zurücklege. Die Tage bis Karakorum werden unter solchen Umständen hart; hart vor allem für meinen Geist, der in der ausdruckslosen Steppenlandschaft, die in dieser trockenen Zeit eher als Halbwüste zu bezeichnen ist, nicht genügend Reize empfängt, um sich mit anderen Dingen als mit Tagträumen zu beschäftigen.

Abends erreiche ich tatsächlich erst den Fuß der nächsten Hügelkette und schlage mehrere hundert Meter abseits der Straße mein Nachtlager auf. Nomaden sehe ich in dieser Gegend keine, was mich bei dem bisschen Vegetation und der Wasserarmut auch nicht wundert. Wenigstens habe ich so meine Ruhe. Die Nacht ist mit 23 Grad warm. Zu warm, um schnell einschlafen zu können. Meine dünne Schaumstoffmatte, die in erster Linie der Isolation und weniger dem Komfort dient, macht das Einschlafen nicht eben leichter, denn ich spüre jeden Stein. Von einer Seite wälze ich mich auf die andere, lege mir Rucksack und Kleider unter Schulter, Hüfte und Fußgelenke. Aber all die Versuche, es mir etwas bequemer zu machen, scheitern. Lange liege ich noch wach, bis mich nach Stunden endlich die Müdigkeit übermannt und mich in die Traumwelt begleitet.

Der folgende Tag ist genauso langweilig wie der davor. Die Landschaft bleibt für den Betrachter und Wanderer ernüchternd. Ich laufe durch eine graubraune Steppe und versuche mir die Zeit durch Singen zu verschönern. Die Mongolen machen es ähnlich. Am späten Nachmittag erreiche ich einen kleinen Ort. In Bayannor – das „nor“ im Ortsnamen deutet auf einen See hin, der sich als ausgetrockneter Salzsee entpuppt – finde ich weder ein Café noch ein Guanz, wie die kleinen, einräumigen Essbuden entlang der Hauptverkehrstraßen in der Mongolei genannt werden, noch kalte Getränke. Überhaupt sieht der Ort mit seinen staubigen Pisten, den Autowracks und den halb zerfallenen Steinhäusern äußerst traurig aus. In dem kleinen Geschäft kaufe ich ein und begnüge mich mit warmer mongolischer Cola, einigen kleinen Tüten Chips und „Insalata“: Mixed Pickles aus Polen.

Der See liegt rechts der Straße. Die Salzkristalle leuchten weiß in der tief stehenden Sonne. Am Ufer baue ich mein Zelt zwischen zwei kleinen, grasbewachsenen Sandhügeln auf. Mücken gibt es zu meiner Freude keine. Mein Zelt steht bereits, als ein Hirte angeritten kommt. Er sucht eines seiner Pferde und fragt mich, ob ich es vielleicht gesehen habe, aber mir ist kein Pferd aufgefallen, das ausgebüchst sein könnte, schließlich laufen die meisten Pferde in der Mongolei in Herden frei herum.

Irgendwo am Horizont sehe ich dicke Gewitterwolken aufziehen. Regen und Donner bleiben jedoch aus.

Nach sieben Kilometern hört der Teerbelag plötzlich auf. Die Straße ist förmlich abgeschnitten. Etwas versetzt zu ihr beginnt eine sandige Piste. Tiefe Reifenspuren lassen ein schweres Gelände erkennen. Ich bin froh, endlich den Asphalt hinter mir lassen zu können. Für das Auge und zum Wandern ist mir diese Piste doch viel lieber. Auf einen Schlag versetzt sie mich in die Gobi. Der Wüstencharakter der Steppenlandschaft tritt noch deutlicher zutage. Mehrere große Sanddünenfelder entdecke ich ganz in der Nähe, und durch die vielen Salzseen und Sumpfgebiete ist die Vegetation höher und grüner als in den letzten Tagen.

Nach sechs Stunden erreiche ich Dashinzeen. Dieser Ort ist etwas größer als Bayannor. Es gibt sogar ein großes Café, in das ich sofort einkehre. Die Hammelsuppe lässt lange auf sich warten. Zum Glück gibt es kühles Bier, was mir die Zeit vertreibt. Mein Essen steht noch nicht auf dem Tisch, als sich zwei junge Studenten und eine Studentin an den Nachbartisch setzen. Einer von ihnen hat eine große, schwarze Swastika, auch als Hakenkreuz bekannt, auf seinen linken Oberarm tätowiert. In fast allen Kulturen auf der Welt kommt dieses Zeichen vor, insbesondere in Europa und Asien. Die Swastika gilt in der westlichen Kultur als Symbol des Nationalsozialismus und ist daher fast überall verboten. Das Wort selbst stammt aus dem indischen Sanskrit und bedeutet grob übersetzt „Glücksbringer". Im buddhistischen und hinduistischen Asien ist dieses Zeichen rein positiv besetzt und schmückt viele Tempel, Malereien, Stoffe, Gegenstände oder dient als Schmuck. Die Swastika als Ausdruck höchster Erleuchtung ziert daher viele Buddhastatuen. In China wird dieses auch als Sonnenrad bekannte Zeichen tatsächlich mit einem Kreis drum herum für das Wort Sonne dargestellt. Ohne Kreis steht es für Unendlichkeit und die Zahl 10 000.

Die Studenten sprechen ein wenig Englisch, und so unterhalten wir uns über ihr Universitätsleben in Ulaanbaatar. Ab und zu tut es gut, mit jemandem Englisch zu reden und etwas längere Gespräche zu führen.

Auf meinem Weg aus dem Ort heraus begegnet mir ein Mongole mit einem Yak, der einen alten, traditionellen Holzkarren mit schweren, nicht ganz runden Rädern aus Holz zieht. Bei über 42 Grad Hitze in der Sonne hängt die lange Zunge wie ein nasser, rosa Lappen aus dem Maul des

Tieres. Es hat schwer zu ziehen. Die Anstrengung und die belastende Hitze sind ihm deutlich anzusehen. Mir ergeht es nicht viel besser. Statt des schweren Karrens schleppe ich einen schweren Rucksack.

Bei diesem Klima mache ich alle zwei Stunden eine halbe Stunde Pause. Leider finde ich unter den krüppeligen und kleinwüchsigen Saxaulsträuchern, einem extrem widerstandsfähigen Baum mit langen Wurzeln, die in zentralasiatischen Wüsten- und Steppengebieten vorkommen, nicht viel Schatten. Oft kauere ich mich ganz klein darunter, schiebe den Sand ein wenig zur Seite, um wenigstens mit dem Kopf im Schatten zu liegen und meine Kappe, die ich zum Schutz gegen die Sonne trage, mal ausziehen und trocknen zu können. Ein weißer Salzsaum bleibt als Schweißrest zurück.

Am Abend ziehe ich an einem Ail, einer kleinen Ansammlung von Gers, vorbei. Obwohl mich das hohe Schilf und Gras neben der tiefen Piste so gut wie komplett verschwinden lassen, entdecken mich zwei Frauen und rufen mich herbei. Am Ger angekommen werde ich auch sogleich hineingebeten. Man bietet mir Tee und Reste vom Abendessen an: Nudeln mit – Überraschung! – Lamm. Stolz zeigt man mir zwei Bilder, auf denen zwei junge Europäerinnen auf Pferden in der Mongolei zu sehen sind. Es sind zwei deutsche Frauen, erzählt mir eine der Mongolinnen, die vor zwei Jahren bei ihnen zu Besuch waren.

Wie in so vielen Ails, leben in den drei Jurten drei Familien, die eng miteinander verwandt sind. Die zwei Männer sind Brüder und bewohnen zusammen mit ihren Familien und ihren Eltern die drei Gers. Sie leben hauptsächlich von den Schafen und Ziegen, die an diesem Abend noch frei in der Gegend herumlaufen.

In der Nähe von Mensch und Tier gibt es immer irgendeine Wasserquelle. Einen halben Kilometer von den Jurten entfernt fließt ein kleiner Bach. Batooroh, einer der Männer, fährt mich mit seinem Motorrad schnell hin und wartet, während ich das kühle Bad in dem herrlichen Wasser nehme. Zurück in der Jurte verteile ich eine Tüte Gummibärchen unter den Kindern und versuche meinen Gastgebern zu erklären, warum ich zu Fuß gehe. Als es dunkel ist und sich alle für die Nacht fertig machen, kommt Batoorohs Frau zu mir und verlangt Geld für die Übernachtung. Ich stehe vor der Jurte und putze mir gerade die Zähne und traue meinen Augen nicht, als sie die Zahl 20 in den Sand schreibt und „Dollar" sagt. Ich spucke die Zahnpasta in den Sand und schaue sie mit großen Augen an. „20 Dollar", sagt sie und gibt mir zu verstehen, dass das für die Übernachtung und das Essen sei. Erbost tippe ich mit meinem rechten Zeigefinger an meine Schläfe und schreibe ihr einige Zahlen in den Sand, um ihr deutlich zu machen, was ich wo in welchem Hotel bezahlt habe. „Nirgendwo habe ich auf dem Land bisher mehr als fünf Dollar pro Nacht bezahlt", beschwere ich mich. Bis auf zehn Dollar geht sie mit dem Preis runter. Wir einigen uns schließlich auf 10 000 Tugruk, umgerechnet knapp acht Dollar. Verärgert lege ich mich in der Jurte auf den Boden in meinen Schlafsack. Es widerspricht allen Gepflogenheiten der Steppe. Kaum ein Mongole, der stolz darauf ist, einen Fremden bei sich aufzunehmen, denkt auch nur daran, von diesem Geld zu verlangen. In der Steppe steht jedem Reisenden die Jurtentüre offen. Ohne anzuklopfen darf er sie betreten. Geschenke, als Geste der Dankbarkeit, werden gerne angenommen, aber für Gastfreundschaft bezahlt man nicht, man bekommt sie geschenkt. Am nächsten Morgen drücke ich ihr den 10 000 Tugrukschein in die Hand, verabschiede mich und beschließe, dieser Familie keine Fotos zu schicken!

Umso erfreulicher die nette Geste, als ich der versandeten Piste weiter folge und an einem weiteren Ger vorbeikomme. Keiner ruft mir nach, aber man muss mich gesehen haben, denn kaum bin ich zweihundert Meter an dem Ger vorbei, die Piste führt einen steilen, steinigen Hang hinab, kommt mir laut rufend ein vielleicht neun Jahre alter Junge auf seinem Pferd hinterhergeritten. In der Hand hält er eine große Plastikflasche mit mongolischem Milchtee. Solche Gesten der Gastfreundschaft und Hilfsbereitschaft lassen mich wieder besser gelaunt durch die Steppenlandschaft ziehen. Dies ist, was mein Herz erfreut und weshalb ich so gerne nach Zentralasien komme. Solche Freundschaft und Herzlichkeit ist mit Geld nicht aufzuwiegen.

Allmählich führt die Piste zum Fluss hinunter, der sich einen Weg durch ein großes Felsmassiv bahnt, das schon von weitem aus sichtbar war. Der breiten Felsdurchbruch diente mir am Vortag als Orientierungspunkt. Auf den grasbewachsenen Wiesen direkt am Fluss weiden mindestens hundert wunderschöne Pferde. Mongolische Pferde sind meist braun oder schwarz. Im Vergleich zu anderen Pferden sind sie eher klein und sehen fast wie Ponys aus. Pferde sind für die Mongolen unvorstellbar wichtig. Statistisch gesehen kommt auf jeden Mongolen ein Pferd. Sie liefern im Sommer die beliebte Stutenmilch, die zu Airag vergoren wird, im Winter Fleisch. Darüber hinaus dient das Pferd als Reittier, ohne das die Viehhaltung in der Mongolei nicht denkbar wäre. Sie sind extrem widerstandsfähig, stark, ausdauernd und genügsam. Sie überstehen Wintertemperaturen von über Minus 40 Grad Celsius.

Hinter einer Wand aus Fels mache ich eine Mittagspause, lege mich auf meine Matte und schaue den Greifvögeln zu, die in den Himmel schweben. Unerwartet werde ich aus meinen Beobachtungen gerissen, als ein Jeep anhält. Zwei Männer und eine Frau steigen aus. Sie sind auf dem Weg nach Ulaanbaatar. Einer von ihnen ist Englischlehrer. Sie halten sich nur kurz auf und schenken mir zum Abschied eine Flasche Wasser. Abgesehen von den ersten beiden Begegnungen mit den zwei Reitern in der Mongolei erlebe ich die Mongolen als sehr hilfsbereit und ungemein freundlich. Ohne diese Herzlichkeit hätte ich wohl schon längst resigniert und die nächstbeste Gelegenheit gesucht, um auf schnellstem Wege zurück nach Ulaanbaatar und dann nach Hause zu gelangen.

Die nächste Ortschaft ist noch etliche Kilometer entfernt. Die Landschaft ändert sich. Überall liegt Sand; hohes Schilf versperrt mir die Sicht auf das, was vor mir liegt. Braune und grüne Heuschrecken hüpfen mir zwischen den Beinen herum. Einige erwische ich dabei, wie sie sich um Nachwuchs kümmern. Starker Wind bläst Sand empor und weht ihn durch das zwei Meter hohe Schilf.

Ob es in der Gobi wohl ähnlich aussieht, denke ich, als ich auf der tief versandeten Piste dem kleinen Ort immer näher komme. Die Wanderstöcke geben den Takt vor und knirschen jedes Mal, wenn ich sie in den tiefen Sand eintauche. Ich bin froh, den Rat meines Freundes Matti befolgt zu haben und diese etwas albern aussehenden Gehhilfen auf diese Wanderung mitgenommen zu haben. Nicht nur bei gefährlichen Flussdurchquerungen, sondern auch hier in der grauen Steppe bewähren sie sich, bieten Halt und Stütze, wenn ich mit dem vollbeladenen Rucksack gehe. Sie sind wie zwei weitere Beine. Mittlerweile kann ich sie mir gar nicht mehr wegdenken.

Kurz vor dem Ort hören Schilf und Sand auf; der Boden wird härter und steiniger, die Gegend noch karger. Vereinzelt wachsen einige wilde Zwiebelgewächse zwischen den groben, graubraunen Steinen. Die Piste führt schnurstracks durch ein Dorf. Links und rechts davon stehen hinter hohen Bretterverschlägen verschmutzte Gers oder primitive Häuser, aus einfachen Brettern zusammengezimmert. Aus den

Schornsteinen steigt grauer Rauch empor, der vom kräftigen, böigen Wind in alle Himmelsrichtungen getragen wird. Kleine Kinder fahren neugierig mit ihren Fahrrädern an mir vorbei, lächeln mich an, und einige erproben ihr englisches Vokabular, was sich meist in den zwei Sätzen „What`s your name?“ und „Where are you from?“ erschöpft. Mit meinen englischen Antworten können sie in der Regel nichts anfangen. Also versuche ich ihnen auf Mongolisch zu erklären, wie ich heiße und woher ich komme.

Das Spannendste in diesen Ortschaften ist für mich immer die Suche nach den kleinen Läden oder einem Café. Letzteres suche ich vergeblich. Auf einigen Schildern steht dafür im bunten Kyrillisch „Chunzni Delgour“ – Lebensmittelgeschäft. Diesen Schriftzug erkenne ich mittlerweile schon von weitem und klappere die kleinen, oft nebeneinanderstehenden Geschäfte der Reihe nach ab, immer auf der Suche nach einem kühlen Blonden und deutscher Schokolade.

Von den herumstreunenden Hunden geht in den Orten keine große Gefahr aus. Sie sind extrem scheu und haben Angst vor Fremden und Menschen allgemein, denn sie dienen hier nicht als Beschützer der Vieherden wie bei den Hirten außerhalb der „Ballungsgebiete“, wo sie notgedrungen scharf sein müssen, um das Vieh gegen räuberische Angriffe von außen zu verteidigen. Das ist der eigentliche Grund, weshalb ich an Ails immer wieder von ihnen angegriffen werde. In den kleinen und größeren Orten geben die Hunde eher ein jämmerliches Bild ab: Halbverwaist, dreckig und mit zotteligem Fell streunen sie auf der Suche nach etwas Essbarem in den Siedlungen umher. Nicht selten werden sie von den Bewohnern mit Fußtritten oder Steinwürfen verjagt. Besonders kleine Kinder machen sich einen Spaß daraus, diese Hunde mit Steinen zu ärgern und ihre Macht zu demonstrieren. Der Hund ist eben nicht überall der beste Freund des Menschen.

Mindestens zehn Fahrspuren verlaufen hinter dem Ort in dieselbe Richtung und verzweigen sich irgendwo mehrere Kilometer weiter. In der mongolischen Steppe existiert oft keine Hauptpiste, der man folgen kann. Aufgrund der guten Fahrbeschaffenheit des steinigen Steppenbodens und der wenigen Hindernisse sucht jeder Fahrer den für sich geeigneten Weg und fährt quer über die Steppe. Aber von Steppe kann hier, zwei Tagesmärsche von Karakorum entfernt, kaum die Rede sein. Nichts als Steine und Geröll, so weit das Auge reicht, liegen vor mir. Die wenigen grünen Schnittlauchbüschel heben sich vom grauen Steinboden kaum ab und lassen nicht einmal mehr die Steppe von weitem grün erscheinen. Ich halte Ausschau nach einem guten Platz für die kommende Nacht. Aber in dieser Mondlandschaft ohne Sträucher und Bäume, die mir etwas Schutz gegen den starken Wind geben könnten, finde ich keinen geeigneten Schlafplatz. Ich habe mir angewöhnt, so lange zu gehen, bis ich einen einigermaßen windgeschützten Platz entdecke. Im Nordwesten taucht ein Berg auf, an dessen südlicher Flanke eine geschützte Stelle zu erkennen ist. Ich gehe den Berg ein Stück hinauf und sehe eine mit kleinen, knorrigen Büschen und kleinen Sandablagerungen bestückte steinige, breite Felsmulde, die von drei Seiten geschützt daliegt. Ausgeblichene Knochen und Schädel deuten auf eine von Hirten oft aufgesuchte Stelle hin. Die Tierreste schiebe ich an einer sandigen Stelle zur Seite und schlage mein kleines Zelt auf. Da ich schon lange Zeit keinen Spiritus mehr habe, suche ich mir trockene Zweige von den knorrigen Sträuchern und Tierdung, meist trockene Pferdeäpfel, um damit ein Feuer zu entfachen, auf dem ich meine chinesischen Instantnudeln zubereiten kann. Mit mittelgroßen Steinen baue ich mir einen Feuerkranz um eine Vertiefung im Sand, lege etwas Papier und Äste hinein und zuletzt den Dung oben drauf. Dann versuche ich ein Feuer zu entfachen, was nicht immer einfach ist, weil der Wind oft so stark weht, dass er die kleine Flamme wieder ausbläst. Nach einigen Versuchen brennt das Holz, und die Pferdeäpfel fangen an zu glühen und zu qualmen. Den kleinen, ein Liter fassenden Kochtopf aus ultraleichtem Titan, stelle ich mit einem halben Liter Wasser auf die Steine, sodass er genau über dem Dung steht. Manchmal stelle ich ihn auch direkt in die heiße Glut. Dadurch, dass der Tiermist nur glüht und nicht richtig brennt, muss ich ihn immer wieder mit Pusten unterstützen, um das Wasser im Topf wenigstens annähernd an den Siedepunkt zu führen. Das Tolle an den Fertignudelsuppen ist, dass selbst heißes Wasser ausreicht, um die Nudeln innerhalb von fünf Minuten gar zu bekommen. Mit Heißhunger verzehre ich die Nudeln, die das Wasser vollständig aufgesaugt haben. Als Nachtisch gibt es noch eine Tafel Schokolade.

Das Essen ist kaum verschlungen, da ist die Sonne nicht mehr zu sehen. Inzwischen ist der Mond mit seinem schwachen Licht aufgegangen und verwandelt alles in Schatten. Irgendwie fühle ich mich beobachtet und wage einen Blick auf den Felsvorsprung weit über mir. Im letzten Augenblick erkenne ich ein Tier von der Größe eines Luchses, das schnell wieder hinter den Felsen verschwindet. Nachts höre ich ab und zu seltsame Tierlaute. Sie klingen wie von einer Katze und stammen mit aller Wahrscheinlichkeit von dem Tier, das mich am Abend zuvor von seinem Versteck aus beobachtet hat. Unerlaubt bin ich in sein Revier eingedrungen und habe mich breit gemacht. Vielleicht hat es in der Nähe seinen Bau und zieht gerade Junge groß.

Mein Blick reicht weit über die graue Steppe. Die nächste Hügelkette ist zwanzig Kilometer entfernt. Um dorthin zu gelangen, muss ich zurück ins Tal gehen und diesem folgen. Gers sehe ich in dieser verdörrten Gegend keine.

Was mich an der Mongolei fasziniert, ist die unglaubliche Stille, die in diesem Land herrscht. Manchmal bleibe ich stehen oder setze mich hin, um diese grandiose und einmalige Lautlosigkeit zu spüren. Die Steppe gleicht dann einem geräuschlosen Nichts. Kein Summen eines Insekts, kein Gräserrascheln, kein Auto- oder Flugzeuglärm, keine Menschen- oder Tierstimmen zerschneiden die von der wüstenhaften Stille eingehüllte mongolische Steppe. Es ist faszinierend und beängstigend zugleich. Solch eine Ruhe habe ich zuvor noch nirgendwo anders erlebt. Bleibe ich ruhig stehen oder sitzen, so ist es, als wäre die Welt stehen geblieben und alles eingeschlafen. Bei uns, im hektischen Mitteleuropa, gibt es keine wirkliche Lautlosigkeit, außer wir schaffen sie uns in irgendeinem Raum künstlich, und dann ist es keine erholsame Schweigsamkeit. Ich kenne keine Stille, das ist das Beängstigende. Ich denke, irgendwo müssen doch Geräusche vorhanden sein und meine Ohren erreichen.

Der weite Blick, die absolute Verschlossenheit einer Landschaft, macht die Faszination aus und lädt zum meditativen Gehen ein. Der Blick und die Konzentration gehen nach innen, weil sie in der kargen und absolut geräuschlosen Steppe nicht abgelenkt werden. Mir gefällt diese Einsamkeit des Schweigens, auch wenn es nahezu das Einzige ist, was mich an der zentralmongolischen Steppe begeistert, wenn ich die herzlichen Begegnungen mit den Steppenbewohnern mal außen vor lasse.

Durch das nächste Tal muss ein kleiner Bach fließen, was an einem länglichen Schilfgürtel zu erkennen ist. Das Geschnatter der Kraniche, die mich kommen sehen, durchbricht die Stille. Wo Kraniche rasten, muss auch Wasser in der Nähe sein. Mücken begleiten mich auf dem Weg durch das hohe Schilf, ein paar Kühe laufen frei umher. In zwei Kilometern Entfernung sehe ich zwei kleine Holzhütten stehen. Eine stark versandete Piste weist mir den Weg zum letzten Ort vor der altmongolischen Hauptstadt Karakorum.

Ein kleiner roter Bus, vollbesetzt mit Mongolen, kommt mir entgegen. Die Leute winken freundlich aus den offenen Fenstern. Gegen sechs Uhr abends erreiche ich Xawat. Wieder kann ich kein Café ausfindig machen, dafür lädt ein kleiner Lebensmittelladen mit einer Holzbank davor zu einer Pause ein. Das junge Mädchen im Laden ist freundlich. Ich kaufe ein paar Kekse, ein Bier, Limonade und polnischen Insalata und setze mich auf die Bank vor dem Laden. Einige Freunde der Verkäuferin kommen auf Mopeds angefahren. Einer von ihnen versucht ein Gespräch auf Englisch anzufangen, aber seine Fremdsprachenkenntnisse sind so gering, dass wir es schon nach wenigen Sätzen sein lassen. Dafür mache ich ein Foto von dem Laden mit den Unmengen an billigem mongolischem Wodka und koreanischen Zigaretten, ehe ich mich verabschiede – mit der Hoffnung, am folgenden Tag endlich Karakorum zu erreichen.

Die Höhe des Passes markiert ein steinerner Owoo. Von hier aus überblicke ich einen großen Teil des Orchon-Tales. Am Fuße des Khangai Gebirges liegt das Sumzentrum Charchorin mit dem Kloster Erdene Zuu, welches wiederum in der unmittelbaren Nachbarschaft der Ausgrabungsstätte der altmongolischen Hauptstadt Karakorum liegt.

Der Weg bis dahin beträgt mindestens 25 Kilometer, auch wenn es von der Höhe zum Greifen nahe aussieht. Das Ende des Tals ist schnell erreicht. Dann zieht sich die Strecke ins Endlose: Die schon von weitem sichtbaren 108 in der Sonne weiß leuchtenden Stupen – in der Mongolei steinerne Kultmale, in denen Amulette und heilige Schriften eingemauert wurden – der Klostermauer wollen einfach nicht näher kommen. Es kommt mir vor, als wollten sie mich hinhalten und nicht herankommen. Wie aus dem

Nichts verdunkelt sich der Himmel urplötzlich. Dichte Sandwolken fegen mit einer Wahnsinnsgeschwindigkeit über das Orchon-Tal hinweg, geradewegs auf mich zu. Schnell setze ich den Rucksack ab, ziehe mir die Regenjacke über und setze mich mit dem Rücken gegen die ankommende Sandfront auf den Boden. Mit brachialer Gewalt prasseln Sand und Regen vereint auf mich nieder. Ich kann nichts weiter tun, als den Sandsturm abwarten und mich in meine Jacke verkriechen. Nach etwa einer Viertelstunde ist das Schlimmste überstanden. Ein Motorradfahrer kauert ganz in meiner Nähe neben seiner defekten Maschine und wartet ebenfalls auf das Ende des Sturmes.

Mich zieht es weiter nach Charchorin. Nach und nach verziehen sich die dichten Sandwolken und der blaue Himmel wird wieder sichtbar. Die Sonne scheint. Ich bin am nächsten Ziel angekommen und habe die langweilige zentralmongolische Steppe hinter mir gelassen. Endlich!

11. Pommes, Bier und deutsche Archäologen

Karakorum, die altmongolische Hauptstadt

Wir schreiben das Jahr 1253 nach Christi Geburt. In Frankreich herrscht König Ludwig der IX. Die Invasionen der Wikinger, der „Geißel Gottes“, sind seit über 200 Jahren Geschichte. Wie einst die Wikinger plötzlich an Europas Küsten auftauchten, plündernd und mordend Klöster, Dörfer und Städte verwüsteten, tauchen in der ersten Hälfte des 13. Jahrhunderts mongolische Reiterkrieger an den Toren Mitteleuropas auf und rennen alles nieder, was sich ihnen in den Weg stellt. Am 9. April 1241 wird in der Schlacht bei Liegnitz in Polen ein deutsch-polnisches Ritterheer vernichtend geschlagen.

In Europa bricht Panik aus. Ein Wort, das alle in Angst und Schrecken versetzte, geht um: Tartaren. Damit ist nicht der mongolische Stamm der Tataren gemeint, sondern „die aus der Hölle kommen“, was sich aus dem griechischen Wort „tartaros“ ableitet. So wird der apokalyptischen Stimmung, die damals in Europa vorherrschte, Ausdruck verliehen.

1253 reist der Franziskanermönch Wilhelm von Rubruk im Auftrag des französischen Königs Ludwig IX. gen Osten ins Land der Mongolen. König Ludwig ist an diplomatischen Kontakten zum Mongolenherrscher interessiert, schiebt aber einen anderen Grund vor: In einem Brief an den Mongolenherrscher bittet er, den Mönch das Evangelium verkünden zu lassen. Ferner soll er den Christen im Mongolenreich geistlichen Beistand geben.

Kurz nach Weihnachten des Jahres 1253 trifft der Gesandte am Hof des Großkhans ein. Er bleibt ein halbes Jahr in der damaligen Hauptstadt der Mongolei. Sein Reisebericht gilt unter den Archäologen als wichtigste zeitgenössische Quelle über die altmongolische Hauptstadt.

In der erstbesten Herberge steige ich ab, nehme ich mir vor, als ich die Hauptstraße nach Charchorin, dem modernen Karakorum, entlanggehe, das Kloster Erdene Zuu und die Ausgrabungsstätte der Archäologen hinter mir lassend. Nachdem ich Kloster und Ausgrabungsstätte, deren mögliches Palastgelände 1990 zum UNESCO Weltkulturerbe erklärt wurde, einen kurzen Besuch abgestattet habe, sehne ich mich nun nach einem gemütlichen Bett und einer warmen Mahlzeit. Das Café, vor dem ich stehe, sieht einladend aus. Ich betrete es und bin erstaunt, als mich die Mongolin auf Englisch begrüßt. Selbstverständlich hat sie einen Raum mit Betten. Dort kann ich übernachten, sagt sie. Einen Euro und fünfzig Cent will sie umgerechnet pro Nacht haben. Ich sage prompt zu, lasse mir die Speisekarte geben und bestelle zwei große Bier und zwei Portionen Hähnchen mit Pommes und Salat. Gierig schlinge ich das Essen runter und freue mich auf die Dusche. Draußen im Hinterhof, wo zwei Jurten stehen, ist ein kleiner Bretterverschlag mit Dusche. Sogar warmes Wasser gibt es.

Das Zimmer ist ein kahler Raum, der außer drei vollkommen durchgelegenen Betten leer ist. Ich schnappe mir eine Matratze und lege sie auf den Boden, um besser schlafen zu können. Froh darüber, endlich in Charchorin zu ein, schlafe ich ein.

Um 1160 wird Temüdschin, der als Dschingis Khan in die Geschichte eingehen soll, als Sohn eines Clanführers geboren. Der Legende nach soll er vom Himmel selbst abstammen. Die Mongolen sind sehr stolz auf ihren bekanntesten Vorfahren, der vielen mongolischen Produkten wie Bier-

und Wodkasorten, Hotels und Restaurant seinen Namen gibt. Selbst auf Geldscheinen ist sein Konterfei zu sehen.

Nach schwerer Kindheit in Gefangenschaft und auf der Flucht eint Dschingis Khan durch geschickte, kluge Diplomatie und Kriege nach und nach alle Stämme der Mongolei und wird offiziell ihr Herrscher. Er verändert die Sozialstruktur der Mongolen, indem er sein Heer ohne Rücksicht auf Stammeszugehörigkeit in Tausendschaften einteilt, welche wiederum in Zehntausendschaften zusammengefasst werden. Anführer dieser Einheiten werden nicht Adlige, sondern treue Gefolgsleute und Familienangehörige, die sich in Kriegs- und Friedenszeiten besonders hervorgetan haben. Neu ist auch eine Leibgarde von 10 000 Mann, mit der er jeden Widerstand der alten Steppenaristokratie brechen kann.

Die gefürchteten Waffen der Mongolen sind Pfeil und Bogen. Mongolische Reiterkrieger können in vollem Galopp Pfeile nach hinten wie nach vorne abschießen. Jeder Krieger verfügt über mehrere Pferde, so dass viele Angriffe kurz hintereinander durchgeführt werden können. Schnelligkeit, eine dem Gegner überlegene Anzahl an Kriegern und unkonventionelle Kriegsführung waren Gründe für den Erfolg der Mongolen.

1260 erreichen die Mongolen unter Kublai Khan ihre größte Machtausdehnung. Innerhalb von nur fünzig Jahren entsteht ein Weltreich. Ähnlich der „Pax Romana" des römischen Reiches schafft die „Pax Mongolica" einen blühenden Handel, Frieden und Kulturaustausch. Es gibt Postpferde und Poststationen, sodass Nachrichten innerhalb kürzester Zeit über große Entfernungen übermittelt werden können.

Das älteste Kloster der Mongolei, Erdene Zuu, liegt vor der Stadt Charchorin. 108 weiße Stupas, tibetisch-buddhistische Sakralbauten, schmücken die Umfriedungsmauer der lamaistischen Klosteranlage. Wahrscheinlich setzte sich gegen Ende des 16. Jahrhunderts in der Mongolei der tibetische Buddhismus durch. In diese Zeit fällt auch der Bau des Klosters Erdene Zuu. Im Jahre 1586 wurde das Kloster aus den Resten Karakorums als erstes lamaistisches Kloster in der Nordmongolei gegründet. 1938 standen auf dem quadratischen Gelände mit seinen 420 Meter langen Seiten noch über sechzig Einzelgebäude. 1500 Lamas lebten in dem Kloster, bis die Kommunisten 1938 das Kloster schlossen. Nur noch drei große Tempel, einer davon im tibetischen und die beiden anderen im chinesischen Stil, eine große Stupa und wenige Nebengebäude sind vom ursprünglichen Kloster übrig geblieben.

Nach wie vor ist die Anlage eindrucksvoll. Besonders die Klostermauer und der tibetische Tempel begeistern mich. Am Haupteingangstor spaziere ich in die Anlage hinein, schaue mir jeden Tempel in Ruhe an und gehe am anderen Ende, vorbei an diversen Souvenirständen, hinaus auf das Ausgrabungsgelände vom alten Karakorum.

Um 1220 wurde Karakorum, was auf alttürkisch „schwarzer Fels“ heißt, von Dschingis Khan auf heiligem Gebiet gegründet. Damals kaum mehr als eine Ansammlung von Gers, war es doch ein wichtiger Schritt auf dem Weg der Staatsbildung. Das Orchon-Tal ist fruchtbar, selbst Getreide wächst hier. Im Westen steigt das Khangai Gebirge, in dem der Orchon entspringt, auf beinahe 4000 Meter auf. Auch andere Völker Zentralasiens hatten die strategisch günstige Lage des Tals erkannt. Ungefähr 37 Kilometer nordwestlich von Karakorum liegt Kara Balgassun, die alte Hauptstadt der türkischen Uiguren aus dem 8. Jahrhundert. Als ich 1999 gemeinsam mit Sebastian Burger mit dem Rad auf der Seidenstraße von Deutschland nach Peking fuhr, habe ich dieses überaus gastfreundliche und stolze Turkvolk kennen gelernt, denn heute leben die Uiguren ganz im Westen Chinas, in der autonomen Provinz Xinjiang. Damals wurden wir oft von ihnen eingeladen. Die Spezialität war auch dort: Nudeln mit Hammelfleischsoße.

Die ersten Bauten Karakorums wurden wahrscheinlich zwischen 1229 und 1230 errichtet. 1235 wurden sie das erste Mal schriftlich belegt. Dschingis Khans drittältester Sohn und Nachfolger Ögödei Khan baute die Hauptstadt bis 1240 zu einer vollständigen Stadt aus, die ab 1260 von Peking als Hauptstadt abgelöst wurde.

Seit 1998 graben mongolische und deutsche Archäologen hier gemeinsam aus. Das eine Team der Universität Bonn unter Leitung von Ernst Pohl untersucht das Stadtzentrum Karakorums, das andere Team vom Deutschen Archäologischen Institut unter der Leitung von Professor Hans-Georg Hüttel gräbt im Palastbereich Ögödei Khans.

In der Hoffnung, Professor Hüttel zu treffen, gehe ich auf die erste, mit einem Seil abgesperrte Ausgrabungsstätte, auf der Betrieb ist, zu und halte nach deutsch aussehenden Archäologen Ausschau. Weil ich zunächst keine Europäer sehe, frage ich einen Mongolen: „Professor Hüttel, chan bän wäh?“

„Er ist im Hotel“, antwortet er mir auf Englisch.

„Sind denn andere deutsche Archäologen hier?“

„Komm mit, ich bringe dich zu Christina.“

Christina ist eine junge Archäologin aus Bonn. Sie hat blonde, kurze Haare und weiß als Grabungsleiterin des Teams des Deutschen Archäologischen Instituts bestens über den Stand der Ausgrabungen im Bereich des vermuteten Palastbezirkes Bescheid. Sie führt mich über die Anlage des angeblichen Palastbereiches von Ögödei Khan. Wilhelm von Rubruk beschreibt in seinen Aufzeichnungen den Palast ziemlich genau. Darüber hinaus gibt er detaillierte Angaben zu einem wundersamen Silberbaum, aus dem vier verschiedene alkoholische und nichtalkoholische Getränke flossen. Leider wurden bislang von diesem Wunderbaum noch keine Überreste gefunden, aber er ziert trotzdem den 10000-Tugruk-Schein.

Den Ausgrabungen zufolge hatte das Gebäude 64 Säulen, was als Idealzahl empfunden wurde und als Vorbild für viele weitere Gebäude diente. Die schweren Fundamente aus Granit sind deutlich freigelegt. Schwere Holzbalken stützen die Architektur. Da die Reste der Balken alle verkohlt sind, gehen die Archäologen von einer unter Umständen gewaltsamen Zerstörung des Palastes durch Feuer aus. Viele Tsha-tshas, kleine stupenähnliche Kultgegenstände aus gebranntem und ungebranntem Ton und andere buddhistische Gegenstände wie kleine Buddhafiguren, die im Palastbereich gefunden wurden, deuten allerdings eher auf einen buddhistischen Tempel als auf einen Palast hin. Nach neuesten wissenschaftlichen Erkenntnissen handelt es sich bei diesem Bau eher um einen Tempel als um den Palast des Großkhans. Wahrscheinlich liegt der Palast an einer anderen Stelle, was zukünftige Grabungen vielleicht noch beweisen werden. Interessant an der Tempeltheorie ist, dass solche großen buddhistischen Bauten zu jener Zeit noch nicht vermutet wurden und der Lamaismus dadurch eventuell schon viel früher eine größere Bedeutung unter den Mongolen hatte, als bisher angenommen wurde.

„Wenn dich das interessiert, kannst du dich auch dort drüben umschauen“, empfiehlt mir Christina. „Dort gräbt das andere Team unter Leitung von Ernst Pohl zurzeit einen Teil des Stadtzentrums aus. Ernst Pohl ist zwar mit Hans-Georg Hüttel im Hotel und katalogisiert mit ihm die bisher ausgegrabenen Fundstücke, aber frag nach Hendrik, der wird dir bestimmt auch noch einiges zeigen können.“

Hendrik sieht mit seinem Hut und dem langen Bart eher

wie ein Abenteurer aus und nicht wie ein klassischer Archäologe. Er ist Grabungsleiter des Teams der Universität Bonn. Im Gegensatz zum Tempelbezirk, wo die Ausgrabungen relativ flach und großflächig sind, sehe ich hier im alten Stadtzentrum von Karakorum tiefe Löcher. Mindestens vier Meter sind die Gräben tief, oft auf verschiedenen Ebenen. Die zum Teil freigelegte große Straßenkreuzung liegt unter einer dicken Schicht Erde. Hendrik führt mich umher und erklärt mir kenntnisreis die Ausgrabungsstätte: „Das, was da aus der Erde herausschaut, sind Reste der alten Straße", sagt er und weist mit dem Finger auf flache Steine, die sich deutlich vom braunen Erdreich abheben und sogar ein Stück frei gelegt sind. „Alles wird fotografiert, jeder Fund gezeichnet und kartiert. Wir befinden uns hier in einem Handwerkerviertel und haben daher viel aus Knochen und Metall gefunden, auch einige Münzen waren darunter. Am Hofe der Khane kamen Bauherren, Künstler und Handwerker aus dem ganzen Reich zusammen und prägten so das Erscheinungsbild der Hauptstadt. Innerhalb des Reichs lebten die Völker damals friedlich zusammen. Der Handel blühte, die Seidenstraße konnte gefahrlos genutzt werden und – das eigentlich Interessante an der Pax Mongolica – die mongolischen Khane tolerierten jede Religion in ihrem Reich, in ihrem Land und an ihrem Hof."

12. Der Sultan und der Papst

Am Orchon-Fluss

Von einem Berg im Süden der Stadt blicke ich auf Charchorin hinunter. Von hier oben sieht der Ort wohlgeordnet und wie auf dem Zeichenbrett angelegt aus. Auf großen Schautafeln in der Stadt waren visionäre Pläne für den Ausbau zur Hauptstadt der Mongolei zu sehen. Nicht wenige Mongolen sähen ihre Hauptstadt wieder gerne im heiligen Orchon-Tal. Genau dort, wo Dschingis Khan, „the man of the millenium“, wie es auf einer mongolischen Wodkaflasche heißt, einst den Grundstein für die erste Hauptstadt und damit auch für den Staat Mongolei gelegt hat.

Ich gehe zurück zum Südufer des Orchon-Flusses und folge ihm flussaufwärts. Eine kleine Piste schlängelt sich mehrere Meter oberhalb des Orchon an den Gebirgshängen entlang. Meterhohe, grauweiße Granitfelsen, wie von Riesenhand zum Spiel dahingeworfen, liegen malerisch an den grünen Hängen. Granit ist auch die Bausubstanz des alten Karakorums, der 64 Sockel für den Palast Ögödei Khans. Schafe und Ziegen laufen zwischen den Granitblöcken umher. Eine Herde Yaks, diese scheuen, zotteligen Grunzochsen, die nur in den kalten, hochgelegenen Gebirgssteppenregionen Zentralasiens als Last- und Nutztiere gehalten werden, suchen abseits des Orchon nach fressbaren Pflanzen.

Zwei Kinder kommen von einer nahegelegenen Jurte neugierig auf ihren Pferden angeritten. Kurz vor mir halten sie ihre Pferde aus vollem Galopp an. Hoch zu Ross erkenne ich in ihnen Nachfahren der stolzen Reiterkrieger, die im 13. und 14. Jahrhundert große Teile Europas und Asiens beherrschten. Den Umgang und das Geschick mit den kleinen mongolischen Pferden beherrschen die Jungs so gut, als hätten sie ihr ganzes Leben auf ihrem Rücken verbracht.

Vereinzelt sehe ich kleine Jurtensiedlungen in der Nähe des Flusses. Zum Glück führt der Weg aber in einem weiten Abstand direkt am steinigen und steilen Hang des Tales entlang, sodass mich die Hunde nicht wittern. Es gibt nahezu keinen Verkehr, ich kann ungestört wandern und die Landschaft genießen. Die Piste wird an einer Flussbiegung schmal. Dahinter erstreckt sich ein weites Tal mit vielen Gers. Hunde und Kinder laufen mir hinterher. An letztere verteile ich ein paar Bonbons.

In unmittelbarer Nähe des Flusses leben keine Menschen. Einige Pappeln und trockene Sträucher stehen am Flussufer. Spuren von Pferden, Rindviechern, Schafen und Ziegen ziehen sich durch die wenigen Bäume. Der trockene Mist der Tiere liegt überall herum. Zwischen zwei blattlosen Sträuchern, die mir ein wenig Sicht- und Windschutz bieten, beschließe ich, für diese Nacht zu lagern. Das Zelt ist schnell aufgebaut und mit dem trockenen Dung der Tiere und einigen herumliegenden Ästen entfache ich ein Feuer. Angelehnt an einen aus dem Boden ragenden, schmalen Baumstumpf sitze ich auf der Iso-Matte und halte Füße und Hände dem wärmenden Feuer entgegen. Obwohl ich erst am Fuße des Khangai-Gebirges bin, sinkt die Temperatur mit jedem Schritt, den ich höher ins Gebirge steige. Es ist Ende August und der Sommer damit vorbei. Der Herbst gibt in der Mongolei nur ein kurzes Stelldichein und weicht schnell dem extrem kalten und in der Regel trockenen Winter. Temperaturen von Minus 30 Grad über Tag und bis zu Minus 50 Grad in der Nacht sind dann nichts Ungewöhnliches.

Als das Feuer etwas hinuntergebrannt ist, stelle ich meinen Titantopf gefüllt mit etwas Wasser auf die heiße Glut, so lange, bis es kocht. Immer wieder werde ich dazu gezwungen, den Pferdemist, den ich als Hauptbrennmaterial verwende, anzupusten, um ihn wieder zum Glühen zu bringen. Ungewollt atme ich dabei ab und zu den Rauch ein, der es auch schafft, unter den Deckel in das Wasser zu ziehen. Dadurch schmeckt die Nudelsuppe leicht nach Ammoniak, jedenfalls bilde ich mir das ein. Aber ich habe nichts anderes zu essen und versuche, den neuen Geschmack der Suppe zu ignorieren. In dieser Nacht kann ich nicht einschlafen. Mir ist schlecht. Um halb zwei verlasse ich gerade noch rechtzeitig mein Zelt und muss mich mal wieder übergeben.

Der Morgen ist kalt. Die Temperatur liegt unter dem Gefrierpunkt. Zum ersten Mal muss ich mir Mütze und Handschuhe überziehen, bevor ich losgehe, um weiter dem Orchon zu folgen. Ich wandere auf einem kleinen Plateau oberhalb des Orchon durch schwarzen Basalt. Die dunklen Vulkansteine und das saftige Grün der Steppe lassen die Landschaft mystisch aussehen. So stelle ich mir Island vor. Obwohl der kalte Westwind mir um die Nase fegt, erfreue ich mich an der bisher einmaligen Gegend. Mit soviel Abwechslung hätte ich nach der endlos öden Steppe der Zentralmongolei im Orchon-Tal nicht gerechnet. Die bis auf über 3500 Meter hohen Berge, die ich keine zwei Tagesmärsche von mir entfernt aufragen sehe, sind vom ersten Neuschnee, der wie Puderzucker die Gipfel bedeckt, weiß bestäubt. Im Khangai hat der Winter schon seine ersten Vorboten geschickt. Mit zehn Grad über Null wird es auch tagsüber im Tal nicht mehr sommerlich warm.

Die Piste führt mich zu einem kleinen Ort. Einige Jungs spielen um einen improvisierten Korb Basketball. Eine alte Fahrradfelge, die mit Draht an einem langen Stab befestigt ist, dient ihnen als Korbersatz. Ich frage sie nach einem Lebensmittelladen und habe Glück. Einer der Jungs hat den Schlüssel zum Laden seiner Eltern, der keine hundert Meter vom Basketballplatz entfernt ist. Er unterbricht sein Spiel und führt mich zu dem aus groben Steinen zusammengebauten Gebäude mit Flachdach. Im Laden gibt es nicht viel Brauchbares für mich. Wenigstens ein paar Kekse, einen polnischen Insalata und etwas Limonade kaufe ich ein. Und esse alles vor dem Laden sofort auf. Das Café direkt nebenan, an dem ein großes buntes Schild prangt, auf dem eine dampfende Suppe zu erkennen ist, hat noch nicht geöffnet. Es lohnt sich also nicht länger in diesem Ort zu bleiben, und so ziehe ich nach einer Stunde Pause weiter.

Ein Hirte, dem ich zufällig begegne, erzählt mir, dass es vor zwei Tagen geschneit hat und dass in den Bergen hoher Schnee liegt. Mit einem besorgten Blick schaut er auf meine Turnschuhe, die für kalte und schneereiche Gebiete nicht geeignet sind. Mit einer lässigen Handbewegung lasse ich ihn erkennen, dass ich schon Schlimmeres mit solchen Schuhen gemeistert habe.

Wie in der Zentralmongolei ziehen sich auch durch dieses Tal viele Fahrzeugspuren, ohne die Existenz einer Hauptpiste zu verraten. Zwischen den scharfkantigen Basaltbrocken schlängeln sich die Pisten willkürlich durch das Gelände. Hier einen geeigneten Schlafplatz zu finden, ist nicht einfach. Ich suche mir eine Stelle zwischen möglichst vielen hohen Steinen aus. Die Temperaturen sinken auf den Gefrierpunkt. Ein Feuer kann ich mit dem wenigen Viehdung, den ich einsammle, nicht entfachen. Meine Finger sind kalt, und es fängt leicht an zu regnen. Ich verkrieche mich in den warmen Schlafsack und lausche den Regentropfen, die auf die Zeltaußenwand tropfen. Anderentags ist der Regen zu Eis gefroren. Es bleibt kalt und ungemütlich, zum Glück aber trocken.

Nach einem kurzen Frühstück komme ich erst gegen zehn Uhr los. Je höher ich komme, umso vegetationsreicher werden die Talwände. Lärchen und Birken bewalden die Hänge. Mit dem Schnee auf den hohen Gipfeln und der grünen Hochsteppe sieht das Gebirge malerisch aus. Das Flussbett ist mittlerweile viel schmaler geworden. Am bewaldeten Hang, dem ich seit geraumer Zeit folge, schlägt ein Mongole Feuerholz für den vor der Tür stehenden Winter. Sein Pferd hat er an einem Pflock im Boden angebunden. Der Holzwagen für den Transport des Holzes steht schräg im Hang. Ein brauner, mittelgroßer Hund läuft im Wald hin und her. Als er mich entdeckt, schaut er mich erst lange an, dann läuft er auf mich zu. Ich bin kein großer Hundefreund, weil ich mit ihnen auf vergangenen Radtouren einfach zu viel Ärger hatte. Hier in der Mongolei haben mich die Hütehunde auch nicht gerade mit Wohlwollen willkommen geheißen. Ich bin froh, dass der freundlich aussehende Hund auf Distanz bleibt.

„Gehe lieber wieder nach Hause zu deinem Herrchen", empfehle ich ihm. Es ist ein schöner Hund mit kurzem gepflegtem Fell. Böse Absichten scheint er nicht zu haben, denke ich, und beobachte ihn weiter, während er mir in sicherem Abstand folgt. Bisher sind mir in der Mongolei nur Hunde gefolgt, um mir in die Waden zu beißen. Diesmal ist es anders, und weil ich kein Unmensch bin und mir der Hund schon seit einer Stunde hinterherläuft, als würde er zu mir gehören, lege ich eine kurze Pause ein. Den Rucksack nehme ich als Rückenlehne und setzte mich auf den kalten Boden. Ich warte, was der Hund macht. Er legt sich ebenfalls etwa sechs Meter von mir entfernt hin und schaut mich mit einem traurigen Hundeblick an. Mit meiner ausgestreckten Hand und einigen beruhigenden Sätzen in einem harmonischem Tonfall versuche ich ihn anzulocken. Der Hund hebt zuerst seinen Kopf, schaut mich mit seinen dunklen Augen an, hört mir zu und kommt dann langsam mit eingezogenem Schwanz zu mir herüber. Ich kraule ihm das Fell im Nacken und stelle fest, dass es tatsächlich ein sehr schöner und vor allem freundlicher Hund ist. Nach einigen Minuten Kraulen schultere ich wieder meinen Rucksack und gehe weiter. Der namenlose Hund begleitet mich und weicht kaum von meiner Seite. Einmal spurtet er den Hang hoch, weil er dort zwei große Geier sitzen sieht. Lange bevor er die großen Vögel erreicht, schweben sie über meinem Kopf hinweg.

Bis zum Orchon-Wasserfall, meinem nächsten Ziel, kann es nicht mehr weit sein. In einigen Kilometern Entfernung sehe ich eine kleine Baumgruppe in einer ungewöhnlichen Anordnung stehen. Dort drüben muss es sein.

Auf meinem Weg befindet sich eine kleine Holzhütte. Als wir uns dieser nähern, kommt uns ein wütend kläffender Hund entgegen. Ich rechne mit einem brutalen Angriff und halte drohend die Stöcke hoch. Der Hund kommt näher, würdigt mich aber keines Blickes und läuft stattdessen meinem treuen Begleiter, der schnell Reißaus genommen hat, bellend hinterher. Jetzt bin ich ihn los, denke ich fast ein wenig traurig.

Durch den Lärm ist der Besitzer der Hütte rausgelockt worden. Er winkt mir zu. Ich soll zu ihm kommen. Der Mongole ist ein kleiner, drahtiger älterer Mann mit grauen Haaren. Er ist um die sechzig Jahre. Mit seiner runden Brille auf der Nase sieht er beinahe wie ein Gelehrter aus. Nur sein zerrissener, selbstgestrickter Pullover passt nicht ganz dazu.

Der ältere Herr hat ein freundliches Lächeln und bittet mich nach einer kurzen Begrüßung sogleich in seine Hütte. Als ich sie betrete, bin ich erstaunt, wie gemütlich er sie eingerichtet hat. Von draußen machte sie einen fast schon erbärmlichen Eindruck. Wie in einem Ger steht auch in dem etwa fünf mal fünf Meter großen Raum der gusseiserne Herd in der Mitte. Die Einrichtung besteht aus einem kleinen Bett, einem alten Sofa und einigen Truhen mit bunten Decken oben drauf. Ein kleiner Tisch mit mehreren Holzschemeln dient als Sitzgelegenheit. Die Wände schmücken einige Zeitungsartikel und sogar ein bunter Wandteppich. Es ist gemütlich und warm dazu. Mein Gastgeber bietet mir einen Platz auf einem der Holzschemel an und ruft zwei Mädchen herbei. Es sind seine Enkelinnen. Die jüngere ist zehn Jahre alt. Ihr rundes, typisch mongolisches Gesicht mit schmalen Augen ist von der Arbeit etwas dreckig und die Wangen sind gerötet. Ihre braunen Haare hat sie zu einem Pferdeschwanz gebunden. Ihre sieben Jahre ältere Schwester ist eine hübsche junge Frau. Auch sie hat rote Wangen, aber nicht ganz so ausgeprägte mongolische Gesichtszüge.

Die jüngere bringt eine Kanne mit Airag und zwei halbrunde Porzellanschalen. Sie schenkt uns das mongolische Nationalgetränk ein. Es schmeckt leicht säuerlich, erinnert mich ein wenig an den Kuhstall meines Patenonkels in der Eifel und prickelt auf der Zunge. Zwei Schalen trinken wir, dann wird das leicht alkoholische Getränk durch ein stärkeres ersetzt. Zum ersten Mal bekomme ich selbstgebrannten Arch angeboten. Arch wird aus Airag gebrannt und schmeckt dementsprechend leicht milchig. Er sieht nicht ganz so klar wie Wodka aus, ist wesentlich milder und nicht so hochprozentig. Ich schätze den Alkoholgehalt des Getränks, an dem ich schlürfe, auf etwa fünfundzwanzig Prozent. Bevor mir mein Gastgeber das zweite Schälchen Schnaps einschenkt, zeigt er ein Foto. Darauf zu sehen ist der bewaldete Hang neben der Hütte, einige Yaks und ein großer Europäer mit langem Reitermantel und Cowboyhut auf einem braunen Pferd. Er ist Deutscher, versichert er mir und zeigt auf die Rückseite des Fotos, wo etwas auf Deutsch geschrieben steht, aber leider in unleserlicher Handschrift.

Ich verabschiede mich von dem netten Mongolen und seinen Enkelinnen und gehe in die Richtung weiter, die er mir empfohlen hat, um den Wasserfall nicht zu verfehlen. Kaum habe ich die Hütte hinter mir gelassen, kommt mein

Hund von irgendwoher angelaufen. Er muss dem Raufbold entkommen sein und auf mich gewartet haben. Jetzt weicht er mir nicht mehr von der Seite und da ich es nicht übers Herz bringe, ihn zu verjagen, lasse ich ihn neben mir her laufen.

Ein dumpfes Grollen kündigt den Wasserfall an. Ich gehe auf das Grollen zu und stehe alsbald am Abgrund des Wasserfalls. Ungefähr zwanzig Meter stürzt der Ulaan Gol mit lautem Getöse in die Tiefe und füllt das Basaltbecken wie einen kleinen See. Von hier aus fließt das Wasser in den Orchon, der sich durch eine beidseitig aufragende Basaltschlucht drängt. Kalte Luft steigt vom Wasser zu mir auf; die Mongolen, die mit teuren Jeeps hier zu Besuch sind, tragen alle dicke Winterkleidung. Blaue Chadags hängen an einigen Steinen und den Bäumen, die oberhalb des Wasserfalls auf dem kargen Basaltboden Fuß gefasst haben. Die Tücher symbolisieren eine heilige Stelle, einen Owoo, wo lokale Gottheiten wohnen.

Ich bin aber nicht der einzige ausländische Tourist, der sich dieses spektakuläre Naturschauspiel ansieht. Kuo-Han Chen, ein Fotograf aus Taiwan, ist mit seiner Frau und einem mongolischen Fahrer ebenfalls am Orchon Wasserfall, um Fotos zu schießen. Der Fotograf und seine Frau sprechen Englisch. Er ist schon des Öfteren in der Mongolei zum Fotografieren und auch zum Wandern gewesen. Meine zurückgelegte Strecke von Ulaanbaatar nach Karakorum kennt er. Ich hätte sie im Juni gehen sollen, meint er, dann wäre es nicht so trocken gewesen und die Blumen der Steppe hätten geblüht. Vielleicht hat er Recht. Überprüfen kann ich es jetzt nicht mehr.

An einer windgeschützten Stelle setze ich mich mit dem Rücken an einen Stein gelehnt und schaue auf den umherliegenden Müll, der von Touristen in dieser wunderschönen Gegend liegen gelassen wurde. Ich mache Pause und hole etwas zu essen aus meinem Rucksack. Mein Hund liegt mir in kurzem Abstand gegenüber und bettelt mich mit herzzerreißendem Blick an. Ich bleibe standhaft und gebe ihm nichts ab, damit er erst gar nicht auf die Idee kommt, dass bei mir etwas zu holen ist. Er tut mir zwar Leid, aber es geht einfach nicht anders.

Der Hund folgt mir trotz alledem. Nach der Rast orientiere ich mich an den Bergen auf der Suche nach dem richtigen Tal. Einige weiße Gers stehen nicht weit vom Wasserfall. Als ich mich ihnen nähere, höre ich lautes Hundebellen. Und dann sehe ich sie: Einer, zwei, drei, vier – fünf große Hunde kommen laut kläffend auf mich zugerannt. Mein Hund kriegt es mit der Angst zu tun, zieht den Schwanz ein und läuft so schnell er kann weg – zurück in die Richtung, aus der wir gekommen sind. Die Hundemeute hetzt an mir vorbei und nimmt die Verfolgung auf. Das war das letzte Mal, dass ich den Hund gesehen habe.

Die Orientierung mit den russischen Generalstabskarten im Maßstab 1:500 000 ist nicht immer einfach: Drei Täler tun sich vor mir auf. Zwei davon kommen in Frage, weil ich nicht so recht erkennen kann, in welche Himmelsrichtung sich die beiden Täler erstrecken. Den Orchon muss ich jetzt verlassen. Die Naiman Nuur, ein kleines Seengebiet mit insgesamt acht Seen, will ich morgen erreichen. Vom Norden aus ist der Nationalpark, in dem die Seen zwischen Lavafeldern und Sumpfgebieten eingebettet von den Bergen liegen, nur schwer zugänglich. Mit dem Jeep ist es schier unmöglich, sich von dieser Himmelsrichtung aus zu nähern. Nur zu Fuß, mit Pferd oder Yak kommt man gut durch das anspruchsvolle Gelände.

Nach einem weiteren Blick auf Kompass und Karte und einer genauen Positionsbestimmung mit dem GPS-Gerät entscheide ich mich für das erste Tal. Ein kleiner Bach fließt durch den weiten, grünen Bergeinschnitt hindurch. Dichter

Zedernwald wächst an beiden Seiten. Ich bin noch nicht lange unterwegs, als ein Reiter zu mir aufschließt. Sein roter Deel, der von einem gelben Tuch zusammengehalten wird, leuchtet in der tiefstehenden Sonne. Er reitet neben mir und fragt, woher ich komme und wohin ich gehe.

„Naiman Nuur", versuche ich ihm klarzumachen und erhalte als Antwort eine nickende Kopfbewegung.

„Dann haben wir denselben Weg", scheint er mir zu sagen und begleitet mich, ohne weitere Worte zu verlieren. Die Mitte des Tals ist nicht bewohnt, aber an der linken Talseite, dort wo der Bach entlang fließt, stehen in unregelmäßigen Abschnitten einige Gers. Sobald wir in deren Nähe kommen, verabschiedet sich mein Begleiter, ohne etwas zu sagen, und verschwindet. Eine halbe Stunde später taucht er wieder auf, er lächelt und deutet mit seiner flachen Hand auf seinen Bauch und reibt sich diesen und sagt „Airag."

Im weiteren „Gespräch" erfahre ich, dass die meisten Mongolen, die in diesem Tal wohnen, mit ihm verwandt sind. Sein Ger ist noch etwa zehn Kilometer weit entfernt, bekomme ich heraus. Fünfundzwanzig Jahre ist er jung, hat zwei Kinder, und seine Frau ist die beste Köchin der Mongolei.

„Die Seen findest du nicht alleine. Am besten schläfst du heute nacht in meinem Ger. Dort ist es warm und du kannst dich richtig satt essen. Meine Frau kocht gut."

Ich zucke mit den Schultern, um meine Unentschlossenheit wortlos auszudrücken.

„Morgen kannst du dann mit einem Pferd von mir weiterreiten. Ich begleite dich. Das kostet dich bloß 20000 Tugruk."

Aha, habe ich es mir doch gedacht, dass er aus seiner Einladung Profit schlagen will. Ich schüttle den Kopf, obwohl mich eine Nacht in einem warmen Ger und sein Versprechen, mich satt essen zu können, durchaus reizen.

„Gut, wie viel willst du zahlen?"

Ich biete ihm 10 000 für Übernachtung und Vollpension.

„Gut, aber willst du nicht doch lieber ein Pferd nehmen? Ich besitze zehn Stück."

Zu seiner Überraschung lehne ich wieder ab. Ich will laufen.

Um noch im Hellen bei ihm anzukommen, müssen wir uns beeilen. Die untergehende Sonne taucht das Tal in ein grandioses dunkelgelbes Licht. Mein neuer Führer gibt ein tolles Bild auf der mit Edelweiß übersäten Steppe ab. Erst jetzt bei dem rotgelben Abendlicht fällt mir die weiße Blütenpracht auf.

Um meinem Touristenguide eine Freude zu machen, wechsele ich nach einigen Fotos auf das Pferd, welches er nun am Zügel führt. Aber ich fühle mich unwohl auf dem Rücken des Tieres und steige nach wenigen Schritten wieder ab. Viel lieber gehe ich zu Fuß, was natürlich kein Mongole verstehen kann.

Die Mongolen singen gerne und viel, vor allem dann, wenn sie alleine unterwegs sind. Zuerst ganz leise, dann immer lauter werdend singt Bolor, so heißt er, eine langsame Ballade. Als er fertig gesungen hat, fordert er mich auf, auch ein Lied zu singen. Gut, wenn er unbedingt will, dass ich singe, dann singe ich ihm ein Lied vor. Zum Glück kenne ich einige altdeutsche und irische Lieder. Es sind alles Folksongs und Volkslieder, die man auch gut ohne instrumentelle Begleitung singen kann. Ich singe vom Sultan und vom Papst, die jeder auf ihre Art und Weise leben. Beide sind reich. Der eine hat Frauen und der andere Alkohol. Beides zusammen aber hat nur der normale Bürger. Meinem Begleiter hoch zu Ross scheinen die etwas flotteren Lieder zu gefallen. Ich bin gerade mit der letzten Strophe fertig, als Bolor ein neues Lied anstimmt. Danach bin ich wieder dran. So geht es anderthalb Stunden lang weiter, bis wir endlich sein Ger erreichen. Ich bin außer Atem, Singen und mit einem Pferd mithalten ist anstrengender, als ich dachte.

Im Westen geht die Sonne unter. Die schneebedeckten Gipfel des Khangai leuchten glutrot. Es wird kalt. Müde stelle ich meinen Rucksack an Bolors Ger und warte, bis er sein Pferd angebunden hat. Zusammen betreten wir seine Wohnstätte. Beim Eintreten in ein Ger muss man immer darauf achten, nicht auf die Türschwelle zu treten oder sich den Kopf am oberen Türbalken zu stoßen – ein ungeschriebenes Jurtengesetz. Ebenfalls sollte es tunlichst vermieden werden, sich an den beiden Holzstangen festzuhalten, die in der Mitte einer jeden Jurte stehen und den Jurtenkranz tragen. Ein Umstoßen dieser würde Unglück für die Familie bedeuten. Der Boden dieses Gers ist komplett mit Brettern fein säuberlich ausgelegt. Darüber liegt ein weißer Laminatteppich mit gelbbraunen gemusterten Karos. Der obligatorische Ofen bollert in der Mitte. An der westlichen Wand, dem Raum, der für Männer bestimmt ist, steht eine Schlafcouch. Davor ein niedriger Holztisch. Im Norden steht eine große, rote Truhe mit blauen, schwarzen und weißen Verzierungen, in der Kleidung und Decken aufbewahrt werden. Darüber ist ein kleiner Altar mit Butterlämpchen und einem Bildchen von seiner Heiligkeit, dem Dalai Lama, aufgebaut. An einem Spiegel daneben hängen einige Familienfotos. Im Osten stehen zwei Betten. Das mit dem jetzt offenen bunten Vorhang ist wohl das Ehebett: Das zweite Bett teilen sich der drei Jahre alte Sohn und seine zwei Jahre ältere Schwester.

Traditionellerweise ist der Osten eines Gers die Seite der Frauen. Hier steht ein Regal mit den Küchenutensilien. Mehrere Lammfleischstreifen hängen zum Trocknen von den Dachstangen herunter.

Die Wände sind mit bunten Teppichen geschmückt.

Wegen des sauberen bunten Bodens und der überwiegend roten Einrichtung macht das Ger auf mich einen sehr noblen Eindruck. So ein schöner Holzboden ist selten. Ich finde mich ein wenig in die Zeit Dschingis Khans zurückversetzt und fühle mich wie in einem Fürstenzelt. Mein Gastgeber scheint wohlhabend zu sein, was ich mir damit erkläre, dass er als Touristenguide und mit dem Vermieten seiner Pferde gutes Geld verdient. Außerdem scheint er ein guter Geschäftsmann zu sein, so geschickt, wie er mir seine Dienste angeboten hat.

Bolors Frau, Mitte Zwanzig, sehr hager, lässt ihre Arbeit am Herd liegen und breitet auf dem kleinen Tisch vor der Schlafcouch weiße Speisen aus. Weiße Speisen werden in der Mongolei alle Milchprodukte genannt, die einem Gast in jeder Jurte vorgesetzt werden und die er aus Höflichkeit wenigstens probieren sollte, auch wenn er keinen Hunger hat oder die säuerlichen Milchprodukte nicht gut verträgt.

Bolor bietet mir einen Platz auf dem Sofa an und zieht seine schweren, ledernen Reiterstiefel aus. Er trägt keine Socken, sondern wickelt sich lange Fußlappen von den Füßen, die die Strümpfe ersetzen. Viele Mongolen benutzten diese Stofflappen zum Wärmen der Füße in ihren Reiterstiefeln. Das Wasser im Wok kocht bereits, bald wird eine Schale heißen Tees gereicht. Bolors Kinder schauen mich schüchtern an und laufen ihrer Mutter immer wieder um die Beine herum.

Das Ail besteht aus drei Gers. Eine davon gehört Bolors Eltern. Die dritte, wesentlich kleinere Jurte dient als Vorratsraum. Eine Toilette existiert natürlich nicht. Ich muss weit abseits des Ails gehen und bin froh, dass ich diese Nacht nicht im Zelt nächtigen muss. Jetzt, als es dunkel ist, fallen die Temperaturen rapide auf weit unter den Gefrierpunkt.

Zu Essen gibt es die übliche, wenig gesalzene und äußerst fade schmeckende Nudelsuppe mit etwas getrocknetem Hammelfleisch. Das überrascht mich etwas, hatte doch der Ehemann der Köchin die Küche gelobt. Aber vielleicht, so denke ich mir, hat er wenig Vergleichsmöglichkeiten. Und ich bin trotzdem froh, etwas Warmes zu essen zu bekommen, gerade bei dem immer kälter werdenden Wetter. Elektrisches Licht, geschweige denn ein Radio oder einen Fernseher, hat diese Hirtenfamilie nicht.

Obwohl der Ofen, der auch in dieser waldreichen Region überwiegend mit getrocknetem Yakdung angestocht wird, am Abend noch mal so richtig auf Touren gebracht wird, verpufft die warme Luft während der Nacht relativ schnell und steigt über die nicht ganz dichte Dachöffnung allmählich ab. Schon im Laufe der Nacht muss ich meinen Schlafsack ganz zuziehen, um nicht zu frieren. Am nächsten Morgen dauert es lange, bis der erkaltete Ofen wieder ein wenig Wärme abgeben kann. Das Frühstück fällt schlicht aus und besteht nur aus Borzog und heißem gesalzenen Milchtee. Danach packe ich meinen Rucksack und gehe raus. Bolors Mutter und seine Frau, die an diesem Tag knalliges Pink trägt, melken die Yakkühe. Ähnlich wie bei den Milchkühen werden zuerst die Kälber zu ihren Müttern gebracht und sollen für den Milchfluss sorgen, indem sie für kurze Zeit an den Zitzen saugen dürfen. Anschließend bindet man die blökenden Jungtiere in der Nähe ihrer Mutter fest, und in der Regel melken die Frauen dann die Kühe, indem sie sich auf einen niedrigen Holzschemel an das Euter setzen und per Hand in einen Blecheimer melken. Das Ganze ist ein zeitaufwändiger Vorgang, der immer unter freiem Himmel stattfindet. Hat die Hirtin genug Milch gemolken, ist das Kalb endlich noch mal dran, um sich satt zu trinken, bis die Kuh es mit einigen leichten Knietritten vom Euter verjagt.

Noch einmal versucht Bolor, mir eines seiner Pferde anzubieten. Aber ich habe mir in den Kopf gesetzt, die gesamte Strecke vom Baikalsee bis in die Wüste Gobi zu Fuß zu gehen. Kurz vor zehn Uhr morgens verabschiede ich mich von seiner Familie und folge meinem Führer, der singend vorausreitet.

Als wir nach etwa zwei Kilometern das Ende des Tals erreichen, hört die Piste auf. Ab hier folgen wir schmalen Pferdepfaden in den dichten Lärchenwald hinein. Es geht steil bergan. Obwohl es noch sehr kalt ist, schwitze ich wie verrückt unter der winddichten Softshelljacke, die ich mir beim ersten Halt an einer lichten Stelle auch ausziehe und zum Trocknen an den Rucksack hänge. Der Aufstieg ist anstrengender, als ich mir vorstellte. An einigen schattigen Stellen liegt noch Schnee. Jetzt überblicke ich das gesamte Tal und schaue in die Richtung, wo der Orchon-Wasserfall liegt, an dem ich gestern noch gewesen bin. Wie mag es wohl dem Hund ergangen sein, der mir so viele Kilometer treu gefolgt ist?, frage ich in mich hinein und wende den Blick in die entgegengesetzte Himmelsrichtung. Majestätisch ragen die Dreitausender mit ihren schneebedeckten Gipfeln in naher Ferne auf. Hier macht das Wandern Spaß, und ich freue mich auf die Seen.

Vom 2500 Meter hoch gelegenen Pass schaue ich auf ein dichtbewachsenes, grünes Tal hinab, in das wir jetzt langsam hinabsteigen. Überall ist es sumpfig. Viele bunte Blumen und lange, grüne Gräser sprießen aus dem modrigen, schwarzen Boden in die Höhe. Im Tal begegnen uns einige Touristen aus Frankreich und den USA. Sie sind mit einheimischen Führern mit Yaks und zu Fuß unterwegs und schwärmen begeistert von den Seen. Lange unterhalten wir uns nicht. Mein Begleiter will noch zu Bekannten, die an einem der Seen wohnen, und treibt ein wenig zur Eile an.

Eine halbe Stunde später geht es wieder aus dem Tal leicht bergauf. Oben angekommen blicke ich auf den ersten See, an dessen gegenüberliegendem Ufer einige Gers stehen, auf die Bolor zeigt. Dort will er gleich hin, um Airag zu trinken und etwas zu essen, bevor er wieder nach Hause reitet.

Ich muss mich noch mal auf sein Pferd setzen, damit er ein Foto von mir machen kann. Als ich aufsitze, erkenne ich den fein bearbeiteten Holzsattel. Filigrane Silberbeschläge schmücken die Seiten des Sitzleders. In allem ist er einem alten Reiterkriegersattel nachempfunden und der ganze Stolz des Reiters.

Ich zahle ihm den abgemachten Preis und bedanke mich nochmals herzlich für die Übernachtung, das Essen und seine gute Arbeit als Führer. Mit einem Lächeln steckt er das Geld in die Innenseite seines roten Deels, schüttelt mir die Hand und wünscht mir eine gute Reise. Dann reitet er im Galopp das Ufer des Sees entlang.

Ich lege eine kurze Rast ein und genieße an einer windgeschützten Stelle die Aussicht auf den blauen See in den Bergen inmitten der weißen Gipfel. Es ist ruhig. Nur der Wind, der durch die Gräser pfeift, und einige Insekten, die durch die Luft surren, durchbrechen die Stille.

Die Sonne scheint, und nach der Mittagszeit wird es wieder warm. Noch hat sie genug Kraft, um die Luft tagsüber zu erwärmen. Einen Pfad, geschweige denn eine Piste, gibt es in dem sumpfigen Gelände nicht. Große, scharfkantige Basaltbrocken und die vielen kleinen Moore mit ihren blauen und gelben Blumen sind für Fahrzeuge nahezu unpassierbar. Selbst als Fußgänger habe ich es in diesem unübersichtlichen Gelände schwer. Mein Tagesziel, der größte See, liegt zwar nicht weit entfernt, aber der Weg dorthin ist schwierig. Kleine, stark bewachsene Hügel erschweren die Orientierung. Sümpfe, hohe Gräser, ein stetiges Auf und Ab über im Gras versteckt liegende Basaltbrocken: Ich komme nur sehr langsam voran und lege oft eine kurze Rast ein, um per GPS, Karte und Kompass meine genaue Position und den weiteren Richtungsverlauf zu bestimmen. Ein Bach weist mir den Weg zum größten See des Naturreservats. Ein kleiner, schwarzer Strand aus Basaltsand lädt zu einem längeren Aufenthalt ein. Eingerahmt von den schneebedeckten Bergen liegt der See ruhig und beschaulich im Tal, das er gänzlich ausfüllt. An den Ufern geht es steil bergab. Nur an den schmalen Enden des Sees gibt es einen Zugang. Ich bin völlig alleine an diesem idyllischen Strand. In aller Ruhe ziehe ich mich aus und nehme ein Bad im eiskalten Wasser. Reizvoll wäre es schon, hier am Ufer mein Zelt aufzuschlagen, aber ich will noch ein Stück weiter zum anderen Ende des Sees, das ich von hier aus nicht sehen kann. Rechts von mir hat sich der See in ein Nebental ausgebreitet. Eine Landzunge ragt weit ins Wasser hinein. Links vom Strand führen Tierspuren steil den Berghang hinauf. Vorsichtig klettere ich den steinigen, mit kleinen Bäumen und Sträuchern bewachsenen Hang hoch. Mit dem schweren Rucksack auf meinem Rücken muss ich bei dieser Kletterpartie höllisch aufpassen, nicht das Gleichgewicht zu verlieren und in die Tiefe zu stürzen. Wohl ist mir bei der Aktion nicht. Ich bin kein Bergsteiger und fühle mich in der Vertikalen wesentlich unsicherer als in der Horizontalen. Aber will ich nicht schwimmen, was in dem kalten Wasser und mit dem Rucksack sowieso unmöglich wäre, muss ich dieses kleinere Übel in Kauf nehmen. Eng an den Fels geschmiegt, wage ich mich auf dem schmalen Tierpfad immer höher. Unter mir liegt in dreißig Metern Tiefe das blaue Wasser des Sees. Ein Fehltritt, ein lockerer Stein oder eine nicht festverwachsene Wurzel eines Strauches, an dem ich mich gerade festhalte, und ich falle. Schweiß rinnt mir in kleinen Perlen von der Stirn ins Gesicht. Wegwischen darf ich ihn jetzt nicht, die Konzentration liegt voll und ganz auf meinem Gleichgewicht. Ich bin angespannt und rücke den Rucksack noch mal mit einer abrupten Bewegung zurecht, so dass er mehr zur Felsseite liegt und mich nicht in die

Tiefe und damit ins Unberechenbare ziehen kann. Noch einige Schritte und ich habe die Schlüsselstelle gemeistert, die Felswand wird flacher und ist jetzt mit größeren Bäumen bewachsen. Ich kann wieder gefahrenfrei gehen und wandere durch den kleinen Wald über die Kuppe hinweg. Auf der anderen Seite kann ich den ganzen See überblicken und erkenne seine wahre Größe erst von hier oben aus. Er ist größer, als es vom Basaltstrand aus den Anschein hatte und erstreckt sich weit ins Seitental hinein. Ohne den frischen Schnee auf den Gipfeln wäre es jetzt allerdings nur halb so schön.

Der Wald liegt hinter mir. Vor mir geht es auf steiniger Steppe zum anderen Seeufer steil hinunter. Der Pfad ist wieder ausgetretener und gefahrlos begehbar. Ohne Sturz erreiche ich das andere Ende des Ufers, das von Süden aus sogar über eine Piste mit Jeeps angefahren werden kann. Es ist früh am Abend, und die Sonne hat die Gipfel noch nicht erreicht. Ich beschließe, an diesem Ufer zu campieren, weil ich ahne, dass die einmalige Landschaft sich auf der anderen Passseite verändert und nicht mehr so schön ist. Außerdem habe ich hier wunderbares Trinkwasser und eine herrliche Aussicht auf See und Berge.

Ich stelle das Zelt auf weichem Gras auf und gehe zum Seeufer, um mir Wasser zum Kochen zu holen. Das Ufer des Sees schmücken unzählige kleine Owoos aus flachen Steinen, die wie surreale Kunstwerke aussehen. Tatsächlich stammen sie wohl von Besuchern, die zu Ehren des Sees diese kunstvollen Gebilde errichtet haben.

Im Zelt ist es taghell, obwohl es tiefe Nacht ist. Seit mehreren Stunden liege ich jetzt schon wach und kann nicht schlafen. Der Vollmond leuchtet kräftig, und in meinem Hirn spinnen tausend Gedanken hin und her, rauben mir den Schlaf, als wollten sie mich bewusst wach halten. Draußen herrschen bei der sternenklaren Nacht Temperaturen unter dem Gefrierpunkt. Ich sehe, wie die ausgeatmete Luft in kalten Schwaden durch mein Zelt schweift. Gegen Morgen finde ich endlich Ruhe, nachdem sich meine Gedankenwelt beruhigt hat, und ich schlafe ein.

Obwohl der Pass auf über 2750 Metern Höhe liegt, ist es Dank der Sonne warm, sodass ich am nächsten Morgen in kurzer Hose und T-Shirt auf der steilen Piste zum Pass hochgehe. Jetzt stehe ich vor einem riesigen steinernen Owoo, umrunde ihn dreimal und setze jedes Mal einen Stein dazu. Dann setze ich mich auf den Rucksack und schaue zurück auf den See, der weit unter mir liegt. Das Khangai-Gebirge weiter im Süden ist baumlos. Gestern bin ich noch durch dichten Wald gegangen, und heute erstreckt sich karge Grasgebirgssteppe vor mir. Der Blick schweift weit in die Ferne, ohne einen Fixpunkt zu finden. Im Wissen, eine der schönsten Landschaften der Mongolei nun hinter mir zu lassen, schnappe ich mir meinen Rucksack und gehe in Richtung Süden dem nächsten Ziel entgegen, weiter nach Bayankhongor, Aimakzentrum der gleichnamigen Provinz und Ausgangspunkt der letzten Etappe in die Wüste Gobi.

Ich gehe auf der Wiesensteppe bergab, trete beinahe auf einen weißen Pilz, der so groß wie ein Handball ist, und laufe über kleinere, schwarze Pilze, deren trockene Sporen ich dadurch über die Steppe verteile, so dass er sich weiter vermehren kann. Im Tal angekommen, zahle ich bei einem Hirten, der gleichzeitig die Funktion des Parkwächters inne hat, eine kleine Gebühr für das Betreten des Naturreservats und folge weiter dem kleinen Bachlauf, der sich durch das Tal zieht. Dadurch, dass der Bach einige Kilometer weiter nach Osten fließt, muss ich einen Weg über die Berge ins nächste Tal finden, will ich nicht zu weit von meiner Richtung abweichen. An zwei Gers, die im Tal stehen, sehe ich ein Motorrad parken. Daneben stehen zwei Männer mit Gewehren geschultert. Zu ihnen gehe ich und frage sie nach dem richtigen Weg. Mit dem Finger zeigen sie geradewegs den steilen Hang hoch, dann verabschieden sie sich und fahren mit ihrem roten Motorrad in die angezeigte Richtung davon, die Gewehre dabei. Einer von ihnen trägt einen weißen Fuchskopf mit Fell als Kopfbedeckung. Es handelt sich um Murmeltierjäger.

Ich schaue den Männern nach, die noch auf halbem Weg zum Pass halten, das Motorrad abstellen und sich auf die Lauer legen. Ich gehe ihnen nach. Dann höre ich einen Schuss. Als ich die Jäger eine Viertelstunde später erreiche, zeigen sie mir stolz ihre Beute. Auf dem Boden liegt ein großes Murmeltier. Das blutverschmierte Einschussloch ist deutlich im hellbraunen Fell zu sehen. An Ort und Stelle wird das Nagetier ausgenommen, das als absolute Delikatesse in der Mongolei gilt. Es ist das einzige Murmeltier, das ich auf meiner Wanderung sehe.

Während ich fotografiere, kommt ein junger Hirte auf seinem Pferd angeritten. Er kennt die Jäger und ist auf dem Weg zu seinen Eltern ins Nachbartal, dorthin, wohin auch ich gehe. Ich schätze ihn auf höchstens Mitte Zwanzig. Sein weißes Lächeln erinnert mich an Oliver, einen alten Fußballkameraden aus der Heimat. Er hat das gleiche, grundehrliche Lachen, das nur die Menschen haben können, die ein gutes Herz haben. Der junge Mongole begleitet mich und achtet darauf, dass sein Pferd nicht schneller geht als ich. Obwohl wir kaum miteinander reden, verstehen wir uns auf die Art, wie sich wohl nur Männer verstehen können, die zwar nicht viel voneinander wissen, sich aber, auch ohne viele Worte zu machen, einig sind.

Der Pass über 2700 Metern liegt schon längst hinter uns. Seit einer Stunde bewegen wir uns im nächsten Tal. Mein Begleiter hat es etwas eiliger als ich: Ein paar Kilometer weiter, deutet er an, befinde sich das Ger seiner Eltern. Dort sollen wir uns wieder treffen und im schnellen Galopp spornt er sein Tier an und reitet über die Steppe.

Und tatsächlich keine Stunde vergeht, da sehe ich ihn zusammen mit Familienangehörigen laut blökende Schafe zusammentreiben. Hunde laufen bellend einzelnen Schafen hinterher, mit Pferd, zu Fuß und mit Seilen bewaffnet versuchen Kinder und Erwachsene, die Schafe in einem extra eingerichteten Pferch zu sammeln. Diesmal sind die Hunde beschäftigt und kümmern sich nicht um mich, als ich mich diesem Spektakel nähere. Ich erkenne den jungen Mongolen, wie er gerade zusammen mit seiner Mutter ein Schaf auf den Rücken legt, es geschickt mit einer Hand festhält, um mit der anderen die zweischneidige Schafsschere zu bedienen. In großen Stücken fällt die dichte Wolle auf den Steppenboden. Es scheint, als gefalle dem Schaf der Frisörtermin. Als er fertig ist, bittet er mich in das Ger seiner Eltern, das keine zweihundert Meter entfernt an der Talwand steht.

Die Jurte ist ungewöhnlich klein und der Filzbezug sehr dreckig. Sie sieht sehr alt und stark benutzt aus, als hätte sie schon viele Umzüge hinter sich. Auf dem Dach liegt zum Trocknen ausgelegter Käse. Zwei rote Motorräder entdecke ich hinter dem Ger. Das Innere ist dunkel. Einen Holzboden gibt es nicht. Lediglich zwei alte Kuhhäute bedecken den kalten Boden. Die Aufteilung ist traditionell, bunte Truhen und andere schmucke Gegenstände fehlen allerdings gänzlich. In einem großen Kessel kocht auf dem Herd in der Mitte des Raumes Milch. Im Norden nehme ich Platz. Kaum sitze ich, kommt die Mutter herein und bringt uns Tee, Airag, etwas Brot, Schmand und Zucker, vermutlich der einzige Luxus, den sich die Eltern leisten können.

Ich solle reichlich davon nehmen, deutet mir die alte Frau mit ihren kleinen, freundlichen Augen an. Ich bleibe bescheiden, weiß ich doch zu genau, wie weit der nächste Laden entfernt ist und welchen Aufwand es für die Hirten bedeutet, sich Lebensmittel wie Mehl, Tee und Zucker zu besorgen, die sie nicht selber herstellen können.

Keine zehn Minuten später lassen sie mich alleine zurück. Die restlichen Schafe müssen noch vor Sonnenuntergang geschoren werden. Ich solle ruhig bleiben, mich ausruhen und noch etwas Brot mit Schmand und Zucker essen. Ich warte eine halbe Stunde, esse und trinke noch etwas, ehe ich einige Tugrukscheine als Dankeschön auf den kleinen Holzschemel unter die Teeschale lege und ins Freie trete. Das Licht der Sonne blendet mich. Reflexartig forme ich meine Augen zu einem kleinen Sehschlitz und bücke mich zu meinem Rucksack runter, den ich wie immer zusammen mit meinen Wanderstöcken draußen an die Jurtenwand direkt neben dem hölzernen Türrahmen abgestellt habe. Meine Gastgeber sind weiterhin mit den Schafen beschäftigt. Langsam gehe ich auf sie zu, um keines der unruhigen Tiere unnötig aufzuschrecken. Mit einem kräftigen Händedruck bedanke ich mich bei dem jungen Mongolen für die Einladung und gehe weiter ins Tal hinab.

Schwarze Gewitterwolken ziehen auf und verdunkeln die Sonne. Ein sanfter Nieselregen setzt ein. Im nächsten Tal muss ich rechts einem kleinen Bachlauf folgen. Bei dieser Gewitterstimmung macht die karge Gebirgssteppe einen bedrohlichen Eindruck. In weiter Ferne ziehen Yaks durch das Tal, eins nach dem anderen in einer langen Reihe. Ich habe Glück, das Gewitter zieht an mir vorbei.

Am Tagesende zeigt mein GPS-Gerät 17,3 Kilometer Luftlinie zum letzten Nachtlager am See an. Dies entspricht jedoch nicht den tatsächlich gelaufenen Kilometern. Meine eingetragene Linie auf der russischen Karte verrät mir, dass ich heute viel im Zickzack gelaufen bin, um einen geeigneten Weg durch die Täler des Gebirges zu finden. Um in direkter Linie gehen zu können, brauchte ich Klettererfahrung und eine entsprechende Ausrüstung.

Der Pass liegt auf 2745 Metern Höhe. Im darunter liegenden Tal stehen einige Ails. Ich versuche, mich etwas abseits von ihnen zu halten, was mir leider nicht immer gelingt. Der Grund für meine Vorsicht sind die vielen Hunde, die hier frei herumlaufen. Einmal verläuft mein Weg mitten durch ein Ail. Die Hunde im Blick, versuche ich unauffällig hindurchzukommen. Ohne Erfolg. Ich werde angegriffen und brülle so laut es geht „Nochoi chör! Nochoi chör!" – „Haltet die Hunde fest! Haltet die Hunde fest!", aber der Hilferuf nützt nicht viel. Die Hirten kommen zwar angelaufen und verjagen einige Hunde mit Steinwürfen, aber ein besonders großer Köter will nicht von mir ablassen. Ich hebe ebenfalls zwei grobe Steine auf, werfe, verfehle ihn aber. Zähne fletschend kommt er auf mich zu. Ich schlage mit voller Wucht mit einem meiner Wanderstöcke nach ihm, treffe ihn aber nicht. Die Leute brüllen weiter. Der Hund dreht ab und kehrt mir den Rücken zu, als habe er die Absicht mich in Ruhe zu lassen. Ich drehe mich ebenfalls um, im Glauben die Gefahr sei gebannt, als ich plötzlich wieder lautes Rufen höre: „Nochoi! Nochoi!" Noch im Umdrehen hole ich mit dem Stock zu einem kräftigen Schlag aus. Der Hund kann gerade noch vor der Spitze stoppen und ergreift die Flucht. Ich werfe ihm einige Steine als weitere Warnung hinterher, dass er mich gefälligst in Ruhe lassen soll. „In China essen sie Hunde!", rufe ich ihm nach. In Peking habe ich nach der Radtour über die Seidenstraße 1999 selbst Hund probiert. In solchen Momenten bereue ich das kein bisschen.

Je weiter ich mich nach Südwesten bewege, desto mehr ähnelt das Khangai der Steppe, wie ich sie auch schon in der Nordmongolei gesehen habe. Vereinzelt wachsen an den Nordhängen der Bergrücken kleine Lärchen. Ansonsten bestimmt grüne Grassteppe und grauer Fels das Bild der Gebirgssteppe. Yaks und Pferde laufen in kleinen Herden frei herum. In dieser monotonen Gegend hänge ich wieder den Gedanken nach. Ich frage mich, wie tief ich bis in die Gobi vordringen kann. Bis hierhin habe ich bestimmt schon acht Kilo Gewicht verloren und damit acht wichtige Reserven für den bevorstehenden und anspruchsvollsten Part der Reise. Durch meine immer wiederkehrenden Magen- und Darmprobleme erholt sich mein Körper kaum noch. Ich baue von Tag zu Tag ab, physisch, aber dadurch auch psychisch. Ich weiß nur zu gut, wie wichtig es ist, körperlich bei Kräften zu bleiben, wenn man sich in eine unwirtliche Region vorwagen will. Zu allem Übel denke ich wieder vermehrt an zu Hause, an ein ruhiges, geregeltes Leben mit gutem Essen, einem warmen Bett und Geborgenheit. Ich denke immer mehr materiell, vermisse zum eigentlichen Leben unnütze Details und ärgere mich darüber. Bin ich etwa schon so weit von der Zivilisation und unserem luxuriösen Leben in allem Überfluss abhängig, dass ich nicht einmal mehr ein paar Wochen im Jahr ohne sie auskomme?

Der Mensch ist ein Gewohnheitstier. Ich würde all diese Annehmlichkeiten wohl nicht vermissen, würde ich sie nicht kennen. Während dieser Wanderung tut es gut zu sehen, wie archaisch Menschen im 21. Jahrhundert leben und zufrieden sind mit den Dingen, die sie haben. Immerhin lerne ich die Annehmlichkeiten der westlichen Welt wieder schätzen.

Im ersten Dorf, das ich jetzt nach Tagen erreiche, hat die Schule wieder begonnen. Vor dem Schulgebäude spielen einige ältere Mädchen und Jungen Volleyball, viele kleinere Kinder turnen an einfachen, halbverrosteten Turngeräten aus Metall herum oder hängen am Rockzipfel der Lehrerinnen. Wie viele Kinder es sind, kann ich nicht abschätzen. Zu unübersichtlich laufen sie durcheinander. In dieser Pause bin ich die große Attraktion. Mindestens 50 Schulkinder bedrängen mich und reden auf mich ein. Ich frage sie nach einem Geschäft oder Café und werde sofort zu einem etwa vier mal vier Meter großen Bretterverschlag mit Tür, offenem Fenster und direktem Blick auf Schule und Schulhof geführt. Ich habe das Gefühl, als wollten sich alle Schüler gleichzeitig mit mir durch die schmale Tür zwängen und bin heilfroh, als die Besitzerin mit lautem Schimpfen die Kinder ihres Ladens verweist. Jetzt schauen sie vorwitzig durch das Fenster und die Tür hinein, um einen Blick auf das zu erhaschen, was sich der ulkige Fremde mit den Stöcken wohl so alles kauft. Bier gibt es keines, dafür zuckersüße Limonade in Mehrwegglasflaschen, Bonbons, kleine gelbe Äpfel und Plätzchen. Ich trinke eine Limo, kaufe ein paar Kekse und Äpfel und wage den Weg ins Freie. Mindestens fünfzig Paar Kinderaugen starren mich an. Neben der Tür steht eine Bank, auf welcher zwei junge Frauen sitzen. Es sind Lehrerinnen, wie ich mit einigen Brocken Mongolisch herausfinde.

Die Kinder hampeln wie wild vor mir herum. Sie wollen fotografiert werden. Ich tue ihnen den Gefallen und bin froh, als ich die Schule nur noch von weitem sehe. So richtig vorstellen kann ich mir das nicht, zurück in Deutschland als Lehrer zu arbeiten. Mein Referendariat liegt hinter mir und eine endlos erscheinende Schulzeit noch vor mir ...

Die Heilquellen von Shargalzuud sind berühmt, das Sanatorium, das am Ufer liegt, müsste jedoch dringend generalüberholt werden. Aber das kostet viel Geld, und so viele zahlungskräftige Patienten, die die kalten und bis zu 90 Grad heißen Quellen mit ihren bis über 100 chemischen Zusammensetzungen gegen ihre Beschwerden oder nur als Erholung nutzen möchten, gibt es wohl nicht.

Meine Idee, mich an den heißen Quellen für ein oder zwei Tage auszuruhen, verwerfe ich beim Anblick der zerfallenden Plattenbauten. So gut mir etwas Ruhe und Erholung, vor allem auch ein Bad in Heilquellen, tun würden, die gesamte Anlage lädt nicht zum Verweilen ein. Da kann es noch so schön und verlockend warm aus der Erde dampfen.

Dem Shargalzuud-Fluss folgend, verläuft die ausgebaute Piste oberhalb auf der linken Seite des Tals. Unten stehen viele Gers. Froh, nicht an ihnen vorbei zu müssen und weit außerhalb der Reichweite von Hunden zu sein, gehe ich auf der Piste, die allmählich zum Fluss hinunterführt. Am Ufer mache ich eine Pause. Ich rolle meine Isoliermatte aus, ziehe Schuhe und Strümpfe aus und lasse die nackten Füße im kalten Flusswasser baumeln. Hinter mir auf der Piste kommt ein rotes Moped angefahren. Es hält, zwei Männer steigen ab und fragen, ob sie sich zu mir setzen dürfen. Der jüngere mit der weißen Baseballkappe hält ein selbstgebautes Gewehr in der Hand. Der Lauf ist mit blauem Klebeband am Holz festgemacht. Das ganze Ding sieht sehr abenteuerlich aus. Kein Wunder, dass sie bisher keine Murmeltiere erbeutet haben.

Es ist wieder eine dieser Begegnungen, die ohne viel Gerede auskommt. Ich teile einige der kleinen Äpfel mit ihnen und wir sitzen schweigend im Gras. Die Mongolen drehen sich mit Tabak und Zeitungspapier eine Zigarette, bieten mir auch eine an, die ich dankend ablehne, und setzen sich nach einer ruhigen Viertelstunde wieder auf ihr Moped und fahren durch den Fluss auf die andere Seite zu den Gers hinüber. Die Mongolen haben Zeit, sie plagt keine Hektik. Ich bleibe noch etwas sitzen und beobachte die zwei Jäger, wie sie von einem Hund verfolgt werden. Als er feststellt, dass das Moped zu schnell für ihn ist, sucht er sich einen einsamen Reiter als Ziel aus. Dieser gibt seinem Pferd kurz die Sporen und lässt den aggressiven Hund in Kürze weit hinter sich. Selbst einen nahenden Jeep lässt der Hund nicht ohne

Attacke vorbeifahren. Als ich genug von dem Schauspiel gesehen habe, schüttle ich den Kopf, packe meinen Sachen ein und gehe auf der Piste weiter. Ich bin also nicht das einzige Ziel der Hunde und freue mich darüber, dass es den einheimischen Mongolen nicht besser ergeht als mir.

Das Tal weitet sich und teilt sich in ein zweites. Die Sonne steht tief, und ich suche einen steilen, steinigen Hügel nach einem geeignetem Platz ab, auf den ich mein Zelt stellen kann. Im Tal wollte ich nicht übernachten, weil mich dort jeder sehen kann und die LKWs und Jeeps, auch wenn mir heute nur drei oder vier begegnet sind, nicht unbedingt die Hauptpiste nutzen, sondern dort entlang fahren, wo sie es am geeignetsten finden. Ich muss lange suchen, bis ich eine einigermaßen flache Stelle finde, auf der ich auch noch die drei Heringe in den harten Steinboden verankert bekomme, damit mir bei einem Windstoß oder Unwetter das Zelt nicht einstürzt.

Auf dem harten Boden liege ich extrem unbequem. Schlafen kann ich nur etappenweise, weil ich bei jedem Versuch, die Liegeposition zu ändern, wach werde und dann nur schlecht erneut einschlafen kann. Heute habe ich deutlich festgestellt, dass ich mich der Gobi nähere. Das Gras der Steppe, welches noch Tage zuvor die Gebirgslandschaft dominierte, ist bis auf einen schmalen Streifen am Fluss verschwunden. Dadurch, dass sich das Tal dem Flusslauf im Laufe der Jahrtausende angepasst hat und sich wie eine Schlange windet, sodass ich nicht weit sehen kann, ist das Gehen abwechslungsreich. Unterwegs grüble ich über den letzten Teil der Reise nach. Große Sandformationen gibt es nur in der Südgobi westlich von Dalanzadgad. Ob ich jedoch so weit kommen werde, bezweifle ich. Am Tag zuvor hatte ich wieder Darmprobleme, die mich weiter schwächen. Besonders motiviert bin ich auch nicht mehr. Das eigentliche Herzstück der Wüste mit bis über 400 Meter hohen Sanddünen befindet sich ohnehin auf dem Alashan Plateau in der Inneren Mongolei im heutigen China.

13. Wie schwer sind 30 Kilo?

Von Bayankhongor in die Gobi

Sand wird vom Wind in die Höhe gewirbelt und verschleiert die staubige Steppe: Tatsächlich bin ich am Nordrand der Gobi angelangt. Hier, am Südrand des Khangai-Gebirges, beginnt der Teil der Mongolei, der Gobi genannt wird. Die Gobi zieht sich über 2000 Kilometer von Ost nach West und über 1000 Kilometern von Nord nach Süd. Große Sandgebiete reichen bis an die Grenze zu Sibirien. Wo die Gobi beginnt und aufhört und was eigentlich zur Gobi gehört, darüber lässt sich streiten: Sie ist die vegetationsärmste Gegend der Mongolei schlechthin – aber keine reine Wüste. Gleichzeitig gilt sie als die nördlichste und kälteste Wüste der Erde.

Die ersten Trampeltiere, zweihöckrige Kamele, tauchen aus dem Dunst auf. Behäbig grasen sie am Flussufer. Der Ort, der auf der über 40 Jahre alten Karte aus vergangener Sowjetzeit eingetragen ist, entpuppt sich schon aus der Ferne als ehemalige Fabrikanlage, die dem Verfall preisgegeben wurde. Drei Arbeiter bemühen sich, die herumliegenden Ziegeln zu sammeln und aufzuschichten, um sie mit einem Pferdekarren in die Stadt zu fahren, wo das Material zum Bau von Häusern eingesetzt werden kann. Die Arbeiter tragen zum Schutz gegen den Staub und den feinen Sand Gesichtsmasken um Nase und Mund. Die Augen sind durch Sonnenbrillen geschützt.

Die Landschaft könnte kaum langweiliger sein. Das Tal erstreckt sich unendlich weit. Die sanft geschwungenen, für Zentralasien typischen Berge sind kahl und grau. Das Steppengras auf dem sandigen Boden ist braun. Von einem Hügel aus blicke ich in die Gobi nach Süden. Es sieht dort nicht spektakulärer aus. Im Norden erblicke ich Bayankhongor, mein Tagesziel und Ausgangspunkt für die letzte Etappe hinein in die Gobi. Unspektakulär liegt der Ort am Fuße des grauen Gebirges. Etliche Telefonleitungen und einige staubige Pisten, die sich durch ihre hellere und sandigere Farbe vom Braun der Steppe abheben, führen in die Stadt. Hohe Gebäude sind nicht zu erkennen.

Schon seit zwei Stunden gehe ich schnurstracks auf das Aimakzentrum zu, aber Bayankhongor scheint nicht näher zu kommen. Nach zwei weiteren Stunden erreiche ich die Betonstraße, die in die Stadt führt. Eine Stunde später stehe ich zwischen den flachen Plattenbauten und lasse mir von zwei Jugendlichen den Weg zur Schule erklären. In der Hoffnung, dort einen des Englischen mächtigen Lehrer anzutreffen, der mir Tipps für mein weiteres Vorhaben geben kann, folge ich der Beschreibung.

Die Stadt mit seinen ungefähr 20 000 Einwohnern liegt auf 1859 Meter Höhe am Ufer des Tujin Gol, der zu dieser Jahreszeit nur spärlich Wasser führt. Im Norden hat man gute Sicht auf die Dreitausender des Khangai-Gebirges, in dem der Tujin Gol entspringt. Weiter im Süden erstrecken sich die weiten Ebenen der Wüste Gobi. Die Stadt besteht vor allem aus flachen, grauen Plattenbauten. Die Straßen sind voller Schlaglöcher, hier und da fehlt ein Gullideckel: Im Dunkeln muss man höllisch aufpassen, wo man hintritt, will man nicht unfreiwillig in der Kanalisation Bayankhongors landen.

Die Schule ist groß. Mit dem Hof, auf dem nur ein paar alte Spielgeräte und eine simple Sportanlage zu finden sind, könnte man in Deutschland keinen Schüler begeistern. Als ich in das Schulgebäude hineingehe, ist es später Nachmittag und nur noch wenige Schüler und Lehrer sind da. Die erste Lehrerin, die mir über den Weg läuft, spreche ich an. Sie führt mich in einen Klassenraum, wo eine ältere Dame am Lehrerpult sitzt und Tee trinkt. Sie bittet mich, an einem der kleinen Pulte Platz zu nehmen und zu warten. Gleich werde jemand kommen, der Englisch spreche, verspricht sie mir. Der Stuhl ist viel zu klein für mich, und vor dem winzigen Pult fühle ich mich wie bei der Einschulung – also unwohl.

Minka, eine junge Lehrerin, Ende zwanzig, groß, schlank und adrett gekleidet, stellt sich mir mit den Worten vor: „My English isn't very good, but my husband speaks English very well. I`ll call him" – und wählt dann eine Nummer in ihr Mobiltelefon.

Das Gespräch dauert nicht lange. Als sie telefoniert hat, sagt sie, ich solle mit ihr kommen. Wir werden zu ihrem Mann gehen, der in dieser Schule Englisch unterrichtet, aber hauptberuflich für ein privates Unternehmen arbeitet, das eng mit amerikanischen Konzernen kooperiert. Seine guten Englischkenntnisse werden dort besser honoriert als im Schuldienst. Das unscheinbare weiße Gebäude, in dem ihr Mann Erik arbeitet, ist nur fünf Minuten Fußweg von der Schule entfernt. Als wir dort ankommen, ist das Gebäude verschlossen und von Erik keine Spur zu sehen. Minka telefoniert noch einmal. „Er kommt in wenigen Minuten, hat er gesagt", sie zupft an ihrem weißen Hemd und holt Lippenstift und Schminkspiegel aus ihrer kleinen Ledertasche hervor. Ich esse einen Apfel und biete ihr auch einen an. Nach einer halben Stunde kommt Erik endlich. Erik ist schlank, trägt einen Dreitagebart, Jeans und offenes Hemd, sodass jeder seine leicht behaarte Brust sehen kann. Sein Englisch ist wirklich gut. Ich bin froh, jemanden gefunden zu haben, der mir weiterhelfen kann.

„Als erstes muss ich ein Hotel finden und danach würde ich gerne irgendwo etwas Warmes essen", erkläre ich Erik.

„Kein Problem. Ich kenne ein gutes Hotel und ein gutes chinesisches Restaurant. Du magst doch chinesisches Essen, oder?"

„Ich liebe chinesisches Essen!“

Das Hotel, in dem mich Erik und Minka für zehn Dollar die Nacht unterbringen, ist das einzige bunte Gebäude im Stadtzentrum, das ich sehen kann. Das Zimmer ist schlicht und hat außer zwei Betten noch einen kleinen Kleiderschrank und ein Nachttischchen. Eine Dusche gibt es nicht, dafür aber ein eigenes Klo. Fließend Wasser und Strom werden ab zehn Uhr eingeschaltet. Und dann auch nur für ein oder zwei Stunden. Der Hotelbesitzer, den Erik gut kennt, bringt mir einige Eimer Wasser aufs Bad. Wertsachen und Kamera packe ich ein und nehme sie mit, bevor wir im Auto weiter zum chinesischen Restaurant fahren. Ich esse drei Fleischgerichte, etwas Reis und Mantus, große chinesische Dampfknödel, ähnlich deutschen Germknödeln, und spendiere ein paar Runden Bier. Jetzt, als ich sitze und zur Ruhe komme, merke ich, wie müde ich bin. Die Anstrengungen der letzten Wochen waren doch etwas zu viel für meinen Körper.

Auf der Post, die direkt um die Ecke liegt, organisiert Erik ein Telefonat nach Deutschland. Der Internetzugang ist heute Abend defekt. „Morgen vielleicht wieder“, vertröstet mich mein mongolischer Freund. „Aber das weiß man hier nie so genau.“ Ich beschließe einen Tag in Bayankhongor zu bleiben, um für die anstehende Gobietappe noch einmal Kräfte zu sammeln. Für den nächsten Morgen verabrede ich mich mit Erik, er will mich mit in die Schule nehmen. Dort soll ich in den Englischunterricht kommen und von Deutschland erzählen. Ich freue mich darauf und verabschiede mich von Erik und Minka, die nach Hause zu ihren beiden Töchtern müssen.

Als Erik am nächsten Morgen um elf Uhr noch nicht da ist, gehe ich zu seiner Firma. Er sitzt am Computer und bespricht soeben etwas mit seinem amerikanischen Kollegen „Tut mir Leid, aber ich hatte hier soviel zu tun, dass ich nicht mit dir zur Schule konnte. Ich komme heute abend gegen sechs im Hotel vorbei, und dann können wir etwas essen gehen."

Das ist mir Recht, denn ich will am folgenden Tag früh aufbrechen. Der Internetzugang auf der Post funktioniert wieder, und so verbringe ich mehrere Stunden mit dem Schreiben von E-Mails. Anschließend gehe ich in den kleinen Supermarkt, der sich im Erdgeschoss des Gebäudes befindet, in dem auch das chinesische Restaurant ist, um für die bevorstehenden Tage einzukaufen. Der Lebensmittelladen ist gut sortiert, und das nutze ich aus: Zwei Liter Cola, zweieinhalb Liter Sprite und zehn Liter Wasser, Äpfel, Schokoriegel, Weingummi, Brot, chinesische Nudelsuppen und gezuckerten Borzog: Wer weiß, wann ich wieder etwas kaufen kann. Die Verkäuferin freut sich, als ich mit drei schweren Plastiktüten das Geschäft verlasse. Auf meinem Zimmer sortiere ich zuerst das Essen und fülle das Wasser in die leichten, dünnen Trinkwasserbehälter aus Plastik um, ehe ich versuche, alles in den Rucksack zu packen. Aber wie ich's auch angehe: Es passt nicht alles rein. Ich habe definitiv zu viel gekauft. Die Schokoriegel und Weingummitüten werde ich in die Hosentaschen stopfen müssen. Beim Probetragen des über 30 Kilogramm schweren Rucksackes habe ich so meine Zweifel, dass ich ihn lange tragen kann. Aber es nützt nichts, denn Erik zufolge gibt es auf den hundert Kilometern bis nach Dschass keine Möglichkeit, an Wasser oder Essen zu kommen. Abends warte ich wieder vergeblich auf Erik. Ich beschließe, alleine zum Chinesen essen zu gehen.

In der Nacht kann ich nicht schlafen. Magenkrämpfe und Durchfall geben mir keine Ruhe. Ich fühle mich krank. Was würde ich jetzt um eine funktionierende Toilettenspülung geben! Trotz der schweren Magen- und Darmbeschwerden gehe ich am Morgen los. Erik hinterlasse ich eine kurze Botschaft mit meiner Adresse auf einem kleinen Zettel, ehe ich mit dem schweren Rucksack aus der Stadt wandere.

Mittlerweile habe ich über zehn Kilogramm an Körpergewicht verloren. Mein Hosenbund, der zu Beginn der Reise in Sibirien noch straff saß, hängt schlaff um meine Hüften. Ohne den Hüftgurt des Rucksacks würde mir die Hose locker über den Po gleiten. Ich bin nicht mehr besonders fit, und der anstrengendste Teil der Reise liegt unmittelbar vor mir!

Die Landebahn und den Tower des Flughafens lasse ich auf meinem Weg aus der Stadt links liegen. Mindestens zwanzig Hunde, alle halbverhungert, mit zotteligem Fell, laufen lärmend wenige hundert Meter von mir entfernt im Plastikmüll herum und suchen nach Fressbarem. Während ich an ihnen vorbeigehe, beobachte ich sie mit Argwohn, wann sie mich endlich entdecken und auf mich zukommen werden. Blitzartig wird es laut. Ich stocke und sehe zu den Hunden hinüber. Ihr Bellen wird aggressiv. Wild laufen sie umher und beißen sich gegenseitig. Ein mittelgroßer brauner Hund läuft wehklagend in meine Richtung. Die ganze Meute hinter ihm her. Hundert Meter vor mir dreht der verfolgte Hund ab und überquert die staubige Piste in Richtung Stadt. Von mir nehmen die anderen Hunde keine Notiz und jagen dem armen Geschöpf weiter nach. Einer muss wohl immer der Sündenbock sein.

Die Piste, der ich folge, führt auf direktem Weg zum Pass hoch. Der Rucksack drückt schwer. Gelenke und Oberschenkel schmerzen. Krämpfe darf ich nicht bekommen. Das könnte in dieser einsamen Gegend fatale Folgen haben. Ich trinke in Wasser aufgelöstes Magnesium und versuche, den Mangelerscheinungen vorzubeugen. Alle zehn Minuten halte ich an, stütze mich auf meine Stöcke, die sich unter der Last krumm biegen, und atme tief durch.

Ich gehe auf die Passhöhe, lege eine Pause ein und werfe

einen Blick zurück auf Bayankhongor, das von hier oben noch kleiner und trostloser aussieht, als es ist. Ein streunender Hund wagt sich neugierig bis auf 20 Meter an mich heran, schaut mir zu, und als er feststellt, dass es bei mir nichts zu holen gibt, trottet er langsam den Berg hinunter.

Mein Rücken schmerzt, und ich fühle mich jetzt schon verspannt. Als ich den schweren Rucksack wieder auf den Rücken katapultieren möchte, geht das nur in Etappen. Zuerst hieve ich ihn mit beiden Händen auf meinen rechten Oberschenkel und versuche dabei schon, den rechten Arm durch die Schulterschlinge zu stecken. Vom Oberschenkel aus bugsiere ich das schwere Ding auf meinen Rücken, um den Hüftgurt festzuzurren. Bei dieser ganzen Prozedur stehe ich immer etwas gebückt und merke, wie schwer 30 Kilogramm sind. Zum Glück ist das Gelände jetzt auf der Höhe ziemlich flach und die Piste nicht besonders sandig. Ich bin gerade mal zehn Kilometer gegangen, als ich zwei Gers abseits des Weges sehe. Drei Leute stehen um einen Brunnen und tränken Ziegen und Schafe. Sie grüßen freundlich, und ich schaue ihnen ein wenig bei der Arbeit zu. Ob es bis Dschass noch weitere Brunnen oder Hirten gibt, möchte ich wissen. Sie schütteln den Kopf. Ich gehe weiter.

Die Telefonmasten sind Anhaltspunkte, Vorboten der Zivilisation, die sich wie ein Leitfaden über die trockene, leicht gewellte Hochebene ziehen. Das Gebirge ist eintönig braun. Steine, Sand und Zwiebelgewächse. Dadurch, dass ich entweder immer leicht bergan oder bergab gehe, habe ich nie einen weiten Blick. Die Temperaturen liegen tagsüber um 20 Grad. Dennoch ist das Gehen eine Qual. Jede Stunde lege ich nun eine Pause von fünfzehn Minuten ein, um meinen Rücken von der Last zu befreien. Ab und zu spüre ich ein Stechen in der Hüfte. Auch die Fußgelenke und Knie melden, dass sie keine große Lust mehr haben, unter diesem Gewicht zu laufen. Ich stelle mir vor, wie es wohl wäre, wenn ich einen Bierbauch hätte, der soviel wie mein Rucksack wiegt.

Ich stelle mir die Frage nach dem Sinn meines Tuns und finde keine plausible Antwort. Ich habe gehofft, auf dieser Tour mental weiter vorzudringen, weiter, als ich auf meinen Reisen bisher gekommen bin. Gehen als Meditation auf meinem Weg in die Wüste. Aber nichts dergleichen stellt sich ein. Keine Erleuchtung oder Erkenntnis, die ich nicht auch schon vorher gehabt hätte. Es ist nur Mühe, real und anstrengend. Zu Fuß saugt man die Landschaft und das Wetter noch mehr auf als mit dem Rad. Man ist ihr völlig ausgeliefert und erwischt sich nicht selten dabei, wie man versucht, in Tagträumen dieser Einsamkeit zu entfliehen.

Kamele bewegen sich langsam auf der Hochebene links neben mir. Sie schenken mir keinerlei Beachtung. Sie sind Menschen gewohnt und gehören irgendeiner Hirtenfamilie. Wo Tiere sind, sind auch Menschen, denke ich. An diesem Tag bleibe ich aber alleine. Trotz der Mattigkeit versuche ich, möglichst lange und weit zu gehen. Die Sonne steht schon tief über dem Gobi Altai, der jetzt zum ersten Mal sichtbar wird. Weiß hebt sich der Gipfel des Ikh Bogd Uul mit seinen 3957 Metern von den anderen Bergen ab. Hohes, trockenes, hartes Gras steht in einer Sandkuhle. Nach einem 35 Kilometer langen Marsch bin ich vollkommen erschöpft und beschließe, hier zu bleiben. Apathisch und ausgelaugt liege ich auf der Isomatte. Ich fühle mich krank und habe keine Kraft, das Zelt aufzuschlagen. Ich bleibe einfach liegen und schaue in den blauen Himmel. Einige weiße Wolken ziehen vorbei. Ich nehme sie nicht wirklich wahr. Das Denken fällt mir schwer. Was tue ich hier eigentlich? Erst nach zwei Stunden raffe ich mich noch einmal auf, baue das Zelt auf, esse etwas und lege mich kraftlos in den Schlafsack.

Mein Schweiß stinkt nach Hammel! Seit mehreren Tagen schon stelle ich fest, dass mein ganzer Körper nach Lamm riecht. Frank warnte mich schon davor. Ich solle mich nicht wundern, wenn ich diesen Geruch plötzlich nicht mehr los werde, weil ich ihn nach geraumer Aufenthaltszeit in der Mongolei selbst ausdünste. Auch wenn ich die Lammfleischstückchen in den Suppen jedesmal an zwei Händen abzählen kann, rieche ich fast selbst wie ein Schaf.

Am nächsten Tag geht es etwas besser, der Rucksack ist ein paar Kilo leichter. Die Piste führt leicht bergauf, das Wetter ist angenehm warm. Es herrschen ideale Wanderbedingungen. Mein Blick schweift zum Igh Bodg Uul, der an diesem Morgen von einem milchigen Dunstschleier eingehüllt ist. Die Piste führt nicht schnurgerade über die Hochebene, sondern windet sich um einige kleinere Berge und Hügel herum. Völlig unerwartet tauchen hinter einer Wegbiegung zwei Gers auf. Ein toll gewordener Hütehund greift mich an und ich habe alle Mühe, ihn mir mit meinen Stöcken vom Leib zu halten. Schnell kommen die Hirten angelaufen, um mir zu helfen und schreien den Hund an. Eine der beiden Frauen hält ihn schließlich auf dem Boden fest und redet beruhigend auf ihn ein. Der Hund bellt immer noch grimmig und versucht, sich loszureißen. Unterdessen lädt mich einer der Männer zum Tee in sein Ger ein. Ich folge ihm zusammen mit den vielen Kindern, die wegen des Lärms herbeigeeilt sind, um zu sehen, was draußen los ist.

Als sich der Hund beruhigt hat, kommt die Frau, die ihn festgehalten hat, nach. Ganz so menschenleer, wie mir in Bayankhongor gesagt wurde, ist dieser nördliche Teil der Gobi also doch nicht. Die erste Schale gesalzenen Milchtee habe ich getrunken, als der Großvater der kleinen Kinder ins Innere kommt. Mit seiner braunen Baskenmütze, dem Dreitagebart und dem braunen, wettergegerbten Gesicht sieht er fast schon wie ein französischer Fischer aus Marseille aus, dazu trägt auch die selbstgedrehte, filterlose Zigarette bei, die qualmend in seinem Mundwinkel steckt. Schwankend kommt er auf mich zu, reicht mir die Hand und stellt sich lallend vor. Dann sackt er auf seinen Hosenboden und versucht, sich mit Tabakkrümeln, die er aus seiner Jackentasche hervorholt, und einem Stück Zeitungspapier eine neue Zigarette zu drehen. Dieser Versuch missglückt, er hat viel zu viel Airag getrunken. Seine Verwandten lachen ihn aus, selbst die Kinder finden ihren Opa amüsant. Als er mir etwas zu aufdringlich wird, mache ich mich zum Aufbruch bereit. Stolz posiert er noch zu einem Abschiedsfoto mit seinen Enkeln vor dem Ger. Der Hund wird in weiser Voraussicht festgehalten, als ich mich winkend verabschiede.

Die Piste führt nun weiter zu einem Pass hoch, den ein steinerner Owoo mit Plastikmüll markiert. Kurz danach geht es wieder leicht bergab. Ein Jeep kommt mir entgegen, und der Fahrer hält für ein kurzes Gespräch. Fern der Piste stehen jetzt doch einige Jurten. Ziegen und Schafe laufen mir über den Weg. Zwei junge Ziegenböcke liefern sich ein kleines Gefecht. Geschickt stellen sie sich auf die Hinterbeine, verharren ein, zwei Sekunden in dieser Position, um dann mit voller Wucht mit ihren Köpfen aufeinander zu stoßen.

Das Wetter schlägt um. Pechschwarze Gewitterwolken verdunkeln bedrohlich den Himmel. Blitze zucken über die Steppe, und ein starker Wind zieht auf. Schnell habe ich meine Regenjacke übergezogen und stemme mich gegen den böigen Wind, der viele kleine Sandkörner mit sich führt, die wie kleine Torpedos an meiner Jacke abprallen. Als Regen einsetzt, verkrieche ich mich in einem trockenen Wasserlauf abseits der Piste. Mit dem Rücken sitze ich zum Wind und erwarte jeden Augenblick ein Unwetter. Zum Glück bleibt es aus.

Je weiter ich gen Süden vorstoße, desto felsiger und sandiger wird die Gobi. Der erste Saxaul, dieser extrem widerstandsfähige baumartige Strauch, der mit seinen tiefen Wurzeln selbst in den trockensten Gegenden noch an Grundwasser kommt, steht wie in kleinen Büscheln, selten höher als ein Mann, in unregelmäßigen Abständen auf der Hochebene. Mir gefällt dieser Teil der Gobi wesentlich besser als die trockene Steppe der Zentralmongolei. Der Blick wird die meiste Zeit des Tages vom mächtigen Massiv des Gobi Altais begrenzt, der mir mit seinem vergletscherten 3957 Meter hohen Gipfel gute Orientierung bietet. Zudem laufen mir immer wieder kleine Wüstenechsen, zumeist Agamen, über den Weg. Wie kleine Fische im Wasser huschen sie blitzschnell über den Steppenboden. Erst nach genauer Beobachtung stelle ich fest, um welche Tiere es sich eigentlich handelt, weil ich sie zuerst nur als ein bewegendes, undefinierbares Etwas ausmachen kann.

Ein wenig vom Wind geschützt, baue ich mein Zelt auf lockerem Sand hinter zwei Saxaulsträuchern mit herrlichem Blick auf den Ikh Bogd Uul auf. Im Vergleich zu gestern fühle ich mich nicht ganz so müde, dafür habe ich etwas Halsschmerzen. Im linken Oberschenkel hatte ich heute Anzeichen von ersten Krämpfen, und auch meine Waden fühlen sich hart an. Ich nehme Magnesium zu mir, das aber Krämpfe in Händen, Füßen und sogar meinen Fingern nicht abwenden kann. Wichtiger ist aber, dass ich wieder motiviert zum Weiterlaufen bin.

Die Saxaulgewächse werden kleiner, die Wüste wird allmählich flacher, der Blick weiter. Ich wandere oberhalb des Tuy Gol, auf den ich im Tal wieder stoße. Ob er Wasser führt, sehe ich von hier oben aus nicht. Ich gehe auf einer riesigen Sanddüne, die links von mir jäh abbricht. Gut und gerne 50 Meter geht es steil zum breiten Flussbett hinunter. Wende ich meinen Blick nach Osten, so sehe ich ins Unendliche. Die Wüste scheint dort ohne Halt zu sein.

Nach zwei Stunden mache ich meine erste längere Pause und lege mich ausgestreckt in den Sand. Ich ruhe mich noch nicht lange aus, da hält ein Motorrad mit zwei Mongolen. Es scheinen Vater und Sohn zu sein. Der Jüngere, ein Riese von einem Mann, misst mindestens zwei Meter. Er ist breit wie ein Schrank, hat ein gutmütiges Gesicht und ist in einen grauen Deel gekleidet. Sein Vater trägt ebenfalls das Traditionsgewand der Mongolen, jedoch in Schwarz und dazu noch eine knallrote Mütze. Ich biete ihnen etwas zu essen und einen Schluck Cola an. Wir unterhalten uns ein wenig. Ich erfahre, dass der junge Mongole ein guter Ringer ist – kein Wunder bei dieser Figur. Ringen ist nicht nur in Form des traditionellen, mongolischen Ringkampfes beliebt: In jedem Ger, das eine Satellitenschüssel besitzt, sitzen alle wie gebannt vor dem Fernseher, wenn Sumoringen aus Japan übertragen wird. Die besten Sumoringer stellt derzeit die Mongolei, und sie sind regelrechte Stars in ihrem Land.

Dschass ist ein kleiner Ort in der Wüste, oberhalb des Flussbettes. Die wenigen Häuser sehen heruntergekommen aus. Ich suche das Lebensmittelgeschäft auf, in dem ich Wasser, süße Brötchen, eingelegten Salat und Dosenwurst kaufe. Bier gibt es leider keines. Die Lebensmittel esse ich noch an Ort und Stelle auf.

Auf dem Dorfberg erkenne ich eine weiße Stupa. Als ich sie erreiche, steht die Sonne tief im Westen und wirft lange Schatten über die platte Kieswüste, die jetzt den überwiegenden Teil der Gobi ausmacht. Ich beobachte mein Abbild, das von Minute zu Minute länger wird und sich immer weiter verzerrt. Meine Extremitäten erreichen gigantische Ausmaße. Mein Schatten gleicht einer Koboldfigur aus einem Fantasyfilm.

Die Sträucher werden kleiner und weichen schließlich grünem Schnittlauch, das die Wüste von weitem grün aussehen lässt. Erst aus der Nähe erkenne ich, dass die Pflanzen in mindestens einem Meter Abstand zueinander stehen. Dazwischen ist der spröde Boden von der Trockenheit aufgeplatzt.

Abends gehe ich die Düne herunter und suche mir eine gute Stelle für die kommende Nacht. In dem schwarzgrauen Sand halten die Heringe nicht besonders gut, und so beschwere ich sie mit herumliegenden Steinen. Aus der Ferne dringt Hundegeheul an mein Ohr. Irgendwo blöken einige Schafe. Gers stehen in der Nähe des Dorfes, sehen kann ich sie nicht. Trotzdem dringt der Gesang von feiernden Menschen an mein Ohr. Aber eigentlich bin ich alleine. Keiner stört mich.

In der Nacht verlasse ich zweimal mein Zelt. Barfuß entferne ich mich ein Stückchen und leuchte mit der Stirnlampe auf das Flussbett hinaus. Viele kleine helle Augen reflektieren das Licht der Lampe. Dieser gespenstige Anblick muss von Hundeaugen herrühren, die in dieser Nacht um die Gers herumstreunen.

Ich schlafe gut und lange. Erst um zehn Uhr steige ich die Düne wieder hoch, um auf der versandeten Piste weiterzugehen. Es ist beschwerlich, weil ich in dem lockeren Sand mit meinem Gewicht immer wieder einsinke. Ein Auto, das mir auf der miserablen Piste entgegen kommt, bleibt immer wieder im tiefen Sand stecken. Der Motorradfahrer, der freundlich grüßt, hat es da schon wesentlich leichter. Am besten dran ist aber noch der alte Hirte auf seinem Pferd, der seine Ziegen und Schafe zum Fluss hinunterführt. Als ich den nächsten Ort Bogd am Horizont erkennen kann, lege ich eine längere Rast ein. Während meiner Mittagspause kommt ein Hirte auf seinem Pferd vorbei. Schweigend setzt er sich zu mir, holt ein dickes Tuch aus seinem Deel hervor und wickelt es auf. Ein halbes Fernglas kommt zum Vorschein. Er schaut hindurch und beobachtet das Gelände am Fuße des Gobi Altai, an das ich jetzt bis auf einen

Tag Fußmarsch herangekommen bin. Ich hole etwas zu essen und zu trinken aus dem Rucksack und biete ihm davon an. Er bedankt sich, isst etwas von dem Schokoriegel und trinkt einen Schluck Wasser, dann reicht er mir sein Fernglas und zeigt in die Richtung, in die er eben geschaut hat. Ich blicke zum ersten Mal durch solch ein halbes Fernglas, mit dem ich schon so oft von den mongolischen Hirten beobachtet wurde. Als ich hindurchsehe und in mehreren Kilometern Entfernung eine Herde Kamele genau und deutlich erkennen kann, die ich ohne Fernglas niemals dort sehen könnte, weiß ich auch, aus welcher Ferne mich die Hirten beobachten konnten.

Ich frage ihn, ob die Kamele alle ihm gehören. Stolz nickt er und zeigt runter zum Fluss. Dort wohne er, erklärt er mir, und lädt mich zum Tee ein. Der Weg bis zu seinem Ger zieht sich über eine halbe Stunde über sandigen Boden, der nur durch kleine Grasbüschel unterbrochen wird. Sein weißes, kleines, aber ordentliches Ger steht unweit des Flusses, der nach dem heißen Hochsommer nur wenig Wasser führt. Nach Süden ausgerichtet hängt an einem eisernen Stab ein Sonnenkollektor. Im Ger wird die Sonnenergie in einer Art Autobatterie gespeichert, womit eine Glühbirne und ein Kofferradio betrieben werden können. In der Mongolei scheint die Sonne bis zu 3200 Stunden pro Jahr. Bessere Vorraussetzungen für die Solartechnik, gerade hier auf dem Land und in der Wüste, gibt es kaum. Solarenergie stellt die eleganteste und sauberste Möglichkeit dar, um sich mit Elektrizität zu versorgen. Zudem ist das zwei Mal einen halben Meter große Solarpanel einfach bei einem Umzug zu transportieren.

Mit dem Flusswasser bereitet uns seine Frau schnell eine Nudelsuppe mit getrocknetem Lammfleisch zu. Tee ist obligatorisch und steht in der Regel immer in einer chinesischen Thermoskanne zur Verfügung.

Nach dem Essen will mich mein Gastgeber mit seiner „maschien“, wie die Mongolen ihre motorisierten Fahrzeuge nennen, in diesem Fall seinem Jeep, nach Bogd mitnehmen. Ich lehne sein Angebot dankend ab und gehe zu Fuß am Flusslauf bis zum Ort weiter. Am rechten Ufer steht das Gras dicht und saftig. Einige Pferde und Kühe, Schafe und Ziegen finden hier genug zu fressen. Hinter Bogd ragt majestätisch der Gobi Altai empor, den ich noch überschreiten will.

Kurz vor Bogd kommt mir der Hirte mit einem Mountainbike entgegengefahren. Hinter ihm läuft sein zehnjähriger Sohn, dessen Rad er sich ausgeliehen hat. Zusammen begleiten sie mich in den Ort, der etwas größer als der letzte ist und einen etwas aufgeräumteren Eindruck macht. Die einfachen, weißen, kaum mehr als ein Stockwerk hohen Häuser sehen nicht ganz so heruntergekommen aus. Auf den Straßen herrscht mehr Leben: Menschen und Vieh benutzen die gleichen Wege. Einige kleine Läden gibt es und auf einem eingezäunten Gelände den Stützpunkt eines Solarinstituts.

Bevor mich aber der Sohn des Hirten in einen Lebensmittelladen führt, werde ich auf einen Tee in ein Ger eingeladen, das der Verwandtschaft des Hirten gehört. Es ist eines der typischen Gers, wie ich sie in allen Ortschaften zuvor gesehen habe. Ein Bretterzaun umgibt die ursprüngliche Nomadenbehausung. Ein scharfer Hütehund liegt angekettet in der Nähe des Eingangs und knurrt mich böse an. Das Innere des Gers unterscheidet sich kaum von denen auf dem Land. Es gibt allerdings etwas mehr Plastikspielsachen und mehr Müll.

Der Lebensmittelladen, in den mich der Junge zusammen mit seinen Geschwistern, Vettern und Cousinen führt, ist sehr klein und nicht besonders gut ausgestattet. Aber ich bekomme das Nötigste: zwölf Liter Wasser, drei Liter mongolische Limonade mit Apfelgeschmack, zehn Äpfel, vier Tafeln Schokolade, zehn große, schwere, süße Kekse, 400 Gramm Doppelkekse, eine Tüte Borzog und vier Tüten chinesische Nudelsuppe. Wieder erzählen mir die Einheimischen, dass ich bis zum nächsten Ort auf der anderen Seite des Gebirges kein Wasser finden und keine Menschen antreffen werde. Will ich kein unnötiges Risiko eingehen, muss ich soviel einkaufen.

14. Reinhold Messner, der Yeti und ich

Vorbei am Orog Nuur und dem Ikh Bogd Uul

Die beiden jungen Männer, die ich vor dem Solarinstitut treffe, sprechen ein wenig Englisch und fragen mich erstaunt, weshalb ich noch weiter in die Gobi möchte. „Komm doch mit uns nach Ulaanbaatar. Wir warten auf unseren Fahrer und werden gleich aufbrechen."

Das Angebot klingt im ersten Moment verlockend, vor allem, wenn ich an den mittlerweile wieder über 30 Kilogramm schweren Rucksack denke, den ich für die kurze Unterhaltung abgesetzt habe. Aber ich halte an meinem Plan fest, weiterzugehen, wenigstens noch über den Gobi Altai, vorbei am Ikh Bogd Uul bis zum nächsten Ort nach Bayanlig.

Der Tuy Gol fließt am Dorf vorbei zum Orog Nuur, einem abflusslosen Salzsee am Fuße des Gebirges. Die Piste führt mitten durch das seichte, braune Wasser. Ich wate einfach hindurch, und nachdem ich den kleinen Hang erklommen habe, sehe ich im Osten und Westen wieder nichts als brettebene Kieswüste. Vor mir liegt irgendwo verborgen der Orog Nuur. Dahinter türmt sich der mächtige Gobi Altai auf. Die Piste besteht aus zwei Fahrspuren, die sich auf dem braunen Kies deutlich durch ihre hellere Farbe abheben. Folgt man jedoch nicht der Piste und geht mehrere Meter neben ihr her, so ist sie nicht auszumachen und wird von der Wüste verschluckt. Bis auf einige Schnittlauchpflanzen wächst auf dem steinigen Boden nichts. Die Steine sind klein und abgeflacht und bieten daher kein Hindernis. Ich kann mir den besten Weg aussuchen und Luftlinie gehen. In der Wüste sind kaum Orientierungspunkte auszumachen; ich bin froh, vor mir den Altai zu sehen. Ein Motorradfahrer kommt mir entgegen, hält kurz an und schenkt mir eine Packung Streichhölzer, dann braust er weiter. Wahrscheinlich soll ich mir damit ein Feuer gegen die Nachtkälte machen, denn dass ich nicht rauche, konnte ich ihm erklären.

Mitten in der Einöde stehen ein paar zerfallene Häuser. Ein vertrockneter Brunnen erzählt vom Leben, das hier zu Hause war. Unweit dahinter entdecke ich ein großes, altes Becken. Die Betonplatten des drei Meter tiefen und des bestimmt 50 mal 100 Meter großen Beckens sind an einigen Stellen zerborsten. An den Rändern häuft sich Sand an. Wozu die Anlage letztlich diente, kann ich nicht herausfinden. Für ein Wasserreservoir erscheint es mir viel zu flach. Ein Schwimmbecken ist wohl auch nicht sehr wahrscheinlich. Bei Temperaturen von weit über 40 Grad im Sommer, würde sich darin Wasser nicht lange halten. Mir soll es diese Nacht jedenfalls als Schlafstätte dienen. Ein geeigneter Platz an einer sandigen Beckenrandstelle ist schnell gefunden. Ich will mich beeilen, weil es in einer halben Stunde dunkel wird. Schnell rolle ich das kleine Zelt aus und glaube, im Schutz der künstlichen Senke außer Sichtweite von Reisenden zu sein, da höre ich auch schon ein Motorrad knattern. Zwei Männer steigen ab und kommen auf mich zu. Ich baue unterdessen an meinem Zelt weiter und begrüße sie freundlich, als sie sich Zigarette rauchend in den Sand vor mein Zelt hocken. Ich frage sie, ob es sie stört, wenn ich an diesem Ort übernachte.

„Wenn du willst, kannst du auch mit zu uns kommen. Unser Ger liegt etwa fünf Kilometer weit von hier entfernt." Ich überlege kurz, habe aber keine Lust, alles wieder abzubauen und zusammenzupacken, und lehne ab.

Die beiden Mongolen nicken, rauchen ihre Zigaretten zu

Ende, werfen die Stummel in den Sand und verabschieden sich.

Ich bin froh, als ich um halb zehn endlich im Zelt liege und Tagebuch schreiben kann. Drinnen sind es 25 Grad. Ich denke über den Tag nach. Es fällt mir zunehmend schwer, mir einzureden, noch weiter in die Wüste zu müssen als bis zum nächsten Ort. Mein anfänglicher Enthusiasmus weicht immer mehr einer Art Gleichgültigkeit. Mir ist es mittlerweile einerlei geworden, wie weit ich es noch bis in die Gobi schaffe. Mir ist mein Ziel, Reste der Großen Mauer in der Südgobi zu sehen, abhanden gekommen. Der Blick auf die Karte verrät mir, dass die Abstände zwischen den Oasen schon ab Bayanlig, dem nächsten Ort, immer größer werden. Mehr als 100 Kilometer ohne Wasser kann ich nicht gehen, nicht mit diesem hohen Grundgewicht und der körperlichen und geistigen Verfassung, in der ich mich seit Wochen befinde. Ich habe kein richtiges Ziel mehr vor Augen, das ich anpeilen könnte, weil mir alle Alternativziele, die weiter als Bayanlig liegen, schon als kaum mehr erreichbar erscheinen – außer ich riskiere mein Leben. Aber selbst in der abgestumpften Verfassung, in der ich mich befinde, erscheint mir dieser Preis als zu hoch.

Die Einheimischen behaupten, diese Region gehöre noch nicht zur Gobi und die Gebirgskette vor mir sei auch noch nicht der Gobi Altai. Nein, der erstrecke sich erst dahinter. Ich bin etwas verunsichert und frustriert. Sollte ich in Bayanlig, noch nicht in der Gobi sein, dann hätte ich auch mein Ziel, vom Baikalsee in die Wüste Gobi zu wandern, verfehlt. Wozu dann die ganzen Mühen?

Ich liege lange wach, hole immer wieder die russischen Karten hervor, messe mit dem Kompasslineal die Entfernungen zu den nächsten bewohnten Ortschaften auf dem weiteren Weg nach Süden ab und schlafe müde ein, ohne neue

Erkenntnisse gewonnen zu haben. Die Entfernungen werden durch mehrmaliges Nachmessen nicht geringer.

Das Becken, in dem ich übernachtet habe, scheint ein attraktiver Ort zu sein. Kaum bin ich am nächsten Morgen aus dem riesigen Loch gekrochen, stehe ich vor einem Sattelschlepper, der ein gelbes Raupenfahrzeug gesattelt hat. Zwei Fahrer und ein Mann in schwarzem Anzug stehen davor und schauen mich erstaunt an, als ich auf sie zugehe. Es ist einer dieser typischen kurzen Begegnungen auf der Reise, bei der man sich grüßt, sagt, wo man herkommt und was man zu Fuß in der Mongolei macht, um nach einem Foto auch schon wieder auf Wiedersehen zu sagen.

Laut meiner alten russischen Generalstabskarte müsste ich jetzt nasse Füße haben. Der Orog Nuur ist genau dort, wo ich jetzt stehe, als blauer Fleck eingetragen. Stattdessen verschwindet die Piste in drei Meter hohem Schilf, das auf Sandboden wächst. Hier und da sehe ich Gers und höre einige Hunde bellen. Aber mein Weg führt an ihnen vorbei. In dem hohen Schilf kann ich mich wunderbar versteckt halten. Unerwartet lichtet sich das Gras und macht einem Meer aus kleinen Sanddünen Platz. Der Sand ist fast weiß und reflektiert die Sonnenstrahlen wie ein Spiegel. Ohne Sonnenbrille wäre ich verloren. Obwohl es sich um ein kleines Stück Sandwüste handelt, bin ich begeistert. Ich laufe über die Dünen, mache hier und da eine Pause und lege mich in den Sand. Eine kleine Kamelherde zieht über einige Dünen hinweg. So stellen wir Europäer uns die Wüste vor. Das Gehen im tiefen Sand mit 30 Kilogramm im Rucksack ist nicht ohne, bei jedem Schritt sinke ich bis zum Knöchel ein. Aber es ist eine willkommene Abwechslung, mehrere Kilometer darin zu wandern. Unzählige kleine Schnecken im Sand beweisen, dass der See einst größer war. Auch der Orog Nuur verliert Wasser und verdunstet immer mehr. Er kann bei viel Niederschlag bis zu 140 Quadratkilometer groß werden und bis zu fünf Metern tief sein. An Fischen ist er reich und an seinen Ufern nisten viele verschiedene Vogelarten. In trockenen Jahren kann es durchaus sein, dass sich der ganze See in Luft auflöst! Ich bekomme von ihm nichts zu sehen und weiß daher nicht, wie groß er in diesem Jahr ist oder ob er überhaupt Wasser hat. Dadurch, dass der Hauptzufluss, der Tuy Gol, etwas Wasser führt, gehe ich davon aus, dass auch der See Wasser hat. Vielleicht habe ich die Möglichkeit ihn vom Gebirge zu sehen, denke ich, und folge einer imaginären Wanderlinie aus dem Dünenfeld heraus, zurück ins dichte Schilf hinein. Der Boden besteht immer noch aus Sand, aber die Dünenformationen sind weg. Als die ersten Saxaulsträucher auftauchen, wird der Boden wieder fester. Auf der Karte sind ganze Saxaulwälder eingetragen. Durch einen von diesen laufe ich nun, obwohl die Bezeichnung Wald etwas übertrieben ist. Die Saxaulsträucher sind zwar über zwei Meter hoch, stehen aber soweit auseinander, dass ich jeden beliebigen Weg einschlagen kann. Eine Weile später stoße ich wieder auf die Piste, die mitten durch ein breites, ausgetrocknetes Flussbett führt. Die tiefen Spuren der LKWs und Jeeps verraten mir, dass der Sand sehr locker und tief ist. Ich springe den Abhang hinunter und lande im weichen Sand, der unter der plötzlichen Last etwas nachgibt. Krüppelige Saxaulbäumchen schmücken das Ufer und lassen die trockene Flusslandschaft außerirdisch erscheinen. Ich fühle mich eingeschlossen. Wir haben kurz nach Mittag und die Temperaturen steigen auf über 30 Grad. Durch die Hitze und die niedrige Luftfeuchtigkeit steigt mein Wasserverbrauch von vier auf über fünf Liter pro Tag. Meine Wasserreserven schrumpfen, und ich werde sie rationieren müssen, bekomme ich nicht doch noch von irgendwoher Wasser. Während ich darüber nachdenke, schleppt sich ein LKW laut durch den tiefen Sand das Flussbett hoch. Auch wenn die Steigung gering ist, so führt die Piste immer höher in den Gobi Altai hinein. Dicker Rauch steigt aus dem Auspuff des Tankers. Aus der großen Kühlerhaube des blauen LKWs steigt grauer Dampf hervor. Kurz nachdem mich das Gefährt überholt hat, macht der Fahrer halt. Zwei Männer steigen aus. Einer von ihnen klettert vorne auf die Stoßstange und öffnet die dampfende Kühlerhaube. Eine dicke, heiße Qualmwolke kommt ihm entgegen. Der Mann weicht schnell zurück, damit er sein Gesicht nicht verbrennt, springt von der Stoßstange runter und lässt die Haube offen stehen, damit der Motor etwas auskühlen kann. Er geht zu seinem Kollegen, setzt sich in den Schatten des LKWs und trinkt aus einer Wasserflasche.

„Nach Bayanlig willst du“, fragt mich der eine Fahrer. „Wir fahren nach Bayangobi und danach zurück nach Ulaanbaatar. Wenn du willst, kannst du mit uns fahren.“

Wieder einmal erkläre ich, dass ich bis nach Bayanlig zu Fuß weitergehen will. Aber es fällt mir immer schwerer.

„Brauchst du noch etwas?“, fragt er mich. „Wasser vielleicht?“ Der jüngere Mann geht an den LKW und bringt mir eine große Wasserflasche. Glücklich wünsche ich beiden noch eine gute Weiterfahrt und verabschiede mich von ihnen in der Gewissheit, sie bestimmt noch mal wiederzusehen. Die Piste teilt sich erst in vielen Kilometern nach Bayangobi und Bayanlig auf. Bis dahin wird der Motor mit Sicherheit abgekühlt und fahrbereit sein.

Die Piste verlässt das ausgetrocknete Flussbett und führt jetzt nahezu auf direktem Wege hinauf ins Gebirge. Bis zum Gebirgseinstieg sind es noch mindestens zehn Kilometer, obwohl es wieder näher aussieht, als es in Wirklichkeit ist. Nach halber Strecke setze ich mich neben die Fahrspuren auf meinen Rucksack und sehe nach Norden in die Richtung, aus der ich gekommen bin. Deutlich kann ich die Piste erkennen, die sich wie ein gerades Band über die Kieswüste zieht. Eine Staubfahne kündigt einen herannahenden LKW an. Den Orog Nuur kann ich von hier oben nicht ausmachen. Die Gobi zeigt sich von ihrer bunten Seite. Die braungrauen Töne, in denen ich mich befinde, wechseln im Tal zu einem Gelb, das allmählich in verschiedene Blautöne übergeht, um am Horizont in den weißblauen Himmel zu münden. Unendlich viele bunte Pastelltöne erwecken die Gobi zum Leben. Nach einer halben Stunde gehe ich weiter. Noch vor Einbruch der Dunkelheit möchte ich den Einstieg ins Gebirge erreicht haben, denn hier am Nordhang finde ich keinen geeigneten Platz zum Übernachten. Es gibt keine windgeschützte Stelle, und der Grund ist steinhart.

In weiter Ferne erkenne ich eine Jurte. Dann höre ich Schafe und Ziegen. Ein alter Hirte mit langem Stock und ulkiger Sonnenbrille, die so überhaupt nicht zu seinem traditionellen Erscheinungsbild und Alter passt, erzählt mir, dass gar nicht weit von hier im Gebirge Wasser zu finden sei. Lange noch kann ich ihn mit seiner Herde in der Wüste ausmachen.

Eine große Blechtonne, einige alte Autoreifen und anderer Müll markieren mit einigen blauen Chadags und anderen Opfergaben den Einstieg ins Gebirge. Bis hierhin führte die Piste nahezu schnurgerade. Jetzt macht sie einen Knick nach links und folgt einer breiten Schlucht. Ich wage einen Blick zurück. Den LKW sehe ich nicht mehr. Wahrscheinlich halten sie wieder, um den Motor nicht zu überhitzen. Vom Tal erkenne ich nichts mehr. Starker Wind kommt plötzlich auf. Feiner Sand fliegt durch die Luft. Unten muss ein Sandsturm wüten, der mir die Sicht versperrt. Ich schaue in eine braune Suppe. Schnell drehe ich mich um, folge der Piste noch ein paar Meter in den Knick hinein und finde in einem trockenen Wasserlauf eine geschützte Stelle für mein Zelt. Der Boden ist fast eben und mit Sand gefüllt. In einer windgeschützten Nische, entfache ich mit einigen trockenen Zweigen und Tiermist ein kleines Feuer. Es brennt nicht besonders gut, aber die Glut reicht aus, um das Wasser für die Nudelsuppe zu erhitzen.

Wind, der in Böen kommt, fegt mir immer wieder Sand ins Zelt, das ich wegen der warmen Temperaturen offen stehen habe. Tagsüber waren es 30 Grad, am Abend sind es immer noch über 20. In der Nacht reißt mich ein Traum aus dem Tiefschlaf: Ich saß zu Hause, zusammen mit Freunden. Es gab Lasagne, Pizza und kühles Bier. Seit Wochen kommen mir immer wieder italienische Gerichte in den Sinn. Ich habe Hunger und Durst. Irgendwo in einer der Tüten, die im Zelt liegen, muss noch Schokolade sein. Ich schalte die Stirnlampe an und verschaffe mir einen Überblick über meine Vorräte – und esse die ganze Tafel auf. Dazu trinke ich einen halben Liter köstliches Wasser. Meinen Appetit hat das kleine Nachtmahl natürlich nicht stillen können, aber von weiteren Essensträumen bleibe ich in der Nacht verschont.

Reinhold Messner war vor Jahren auch schon mal hier im Gobi Altai und auf dem Gipfel des Ikh Bogd Uul, um nach dem Yeti zu suchen. Gefunden hat er ihn nicht.

Auf der Piste ist es schwer zu laufen. Das Sandkiesgemisch ist weich und tief. Festen Halt finde ich darauf kaum. Links und rechts der breiten Piste ragen bunte Felsen in die Höhe. Die Farben erinnern mich an die Painted Desert im Südwesten der USA, durch die ich vor zwei Jahren mit dem Fahrrad gefahren bin, nur dass die verschiedenen gelben, roten, grünen und silbernen Töne nicht durch gefärbtes Sandgestein oder Kristalle hervorgerufen werden, sondern von unzähligen Flechten und Moosen herrühren, die an den Felsen wachsen. Allmählich weitet sich der Canyon, und die Wüstenlandschaft wird von einer Gebirgssteppe mit etwas Gras abgelöst. Drei Kamele laufen abseits der Piste und kümmern sich um ihre Futtersuche. Völlig unerwartet sehe ich zwei Gers im Schatten einer Felswand. Direkt links neben der Piste tränkt ein Hirte seine Kaschmirziegen und Schafe an einem Brunnen. Ich bin erstaunt, hier Leute zu treffen, weil mir in Bogd alle erzählt haben, dass ich bis Bayanlig auf niemanden stoßen werde, außerdem freue ich mich, meine Wasservorräte neu auffrischen zu können. Eine Weile schaue ich dem Hirten zu, wie er mit einer langen Holzstange, an dessen Ende sich eine Art Eimer aus schwarzem Gummi befindet, nach und nach frisches, kühles Wasser aus der Tiefe des Loches herausholt. Der Brunnen ist rund und in Beton eingefasst. Ein aus Beton gegossener, halboffener Trog fängt das Wasser auf. Ziegen und Schafe drängeln sich um die besten Plätze. Wasser gibt es reichlich. Immer wieder schenkt der Hirte nach, bis alle Tiere sich satt getrunken haben. Danach bin ich an der Reihe. Der Mongole holt das Wasser aus der Tiefe und schüttet es in die zwei anderthalb Liter Flaschen, die ich ihm hinhalte. Ich bedanke mich und gehe zufrieden an den Gers vorbei. Jetzt brauche ich mit dem Wasser nicht mehr zu sparen, denn morgen werde ich Bayanlig erreichen.

Der Weg führt mich auf eine Hochebene, wo sich die Piste gabelt. Eine führt in südliche Richtung, die andere geht mehr nach Westen. Ich bin mir unschlüssig, welcher der richtige Weg für mich ist. Ich setze den Rucksack ab und schalte mein GPS-Gerät ein, um meine genaue Position auf die Karte zu übertragen. Das Satellitennavigationsgerät findet in diesem freien Gelände schnell drei Satelliten, die für eine exakte Positionsbestimmung nötig sind. Hinter mir höre ich es brummen: Der LKW vom Tag zuvor kommt auf mich zu. Die beiden Fahrer freuen sich, mich zu sehen, haben ihren Auftrag erfüllt und den Diesel in Bayangobi abgeliefert. Jetzt fahren sie zurück in die Hauptstadt.

„Willst du mit uns fahren?“, fragt mich der Beifahrer. „In drei Tagen sind wir in Ulaanbaatar.“

Das Angebot klingt nach wie vor verlockend. Die Jungs

scheinen in Ordnung zu sein. Es wird immer schwerer, nein zu sagen. Aber ich halte durch. Immerhin sagen sie mir noch, in welche Richtung ich gehen muss.

Im Westen sehe ich die Kieswüste quasi zu meinen Füßen liegen. Dazwischen ragt noch ein zerklüftetes Gebirgsmassiv des Gobi Altai aus der platten Wüste heraus. Wie eine Festung steht es uneinnehmbar da, als wolle es erobert werden. Von hier aus kann ich bestimmt 100 Kilometer weit genau in die Richtung sehen, die nach meinem ursprünglichen Plan noch vor mir liegen sollte. Es sieht unglaublich langweilig aus!

Diese Wüste der Länge nach komplett zu Fuß zu durchqueren, ist vor allem eine mentale Leistung. Ob es physisch überhaupt möglich ist, hängt ganz und alleine von Wasserstellen und Hirten ab. Über 2000 Kilometer durch eine der lebensfeindlichsten und ödesten Regionen dieses Planeten: Ohne ausreichende Mongolischkenntnisse, eine hervorragende Kondition und minimales Grundgewicht, um genügend Wasser- und Lebensmittelvorräte für mehrere Tage mitzunehmen, wäre dieses Unterfangen reiner Selbstmord. Tief beeindruckt von der Dimension, die sich vor mir auftut, blicke ich beim Gehen immer wieder zur Wüste hinunter.

Die Piste folgt dem Verlauf des gegenüberliegenden Gebirgszuges in südwestlicher Richtung leicht bergab. Es wird windig. Ein Hirte auf seinem Pferd sucht nach seinem Vieh und reitet quer über die Hochebene, die immer steppenähnlichere Formen annimmt. Gräser, kleine weiße und gelbe Blumen durchbrechen neben blau blühendem Schnittlauch immer öfter den steinigen Boden. Der Altai verliert seinen Wüstencharakter.

Es wird steiler. Die Piste macht eine 90-Grad-Biegung nach Süden. Ich nehme eine Abkürzung und laufe querfeldein. Ein vollbesetzter roter Kleinbus kämpft sich zur Hochebene hoch. Die Fahrgäste winken.

Das Gras wird höher. Rechts unterhalb der Felswand stehen zwei Gers. Kamele laufen frei herum. Ich bin auf der südlichen Seite des Gobi Altais angelangt; habe das Gebirge überschritten. Je weiter ich nach Süden wandere, desto enger rücken die Felswände rechts und links aneinander, bis sie sich zu einem schmalen Canyon entwickeln. In der roten Abendsonne schimmern die schroffen Felsen gelb. Lang und kantig ragen sie in den blauen Himmel. Binnen weniger Kilometer hat sich das Gesicht des Altais mehrere Male gewandelt. Jetzt ist es am schönsten.

Sollte sich morgen in Bayanlig bewahrheiten, was ich befürchte, dann stelle ich heute Abend ein letztes Mal mein Zelt auf, koche ein letztes Mal auf offenem Feuer Nudelsuppe, schlafe ein letztes Mal draußen. Mittlerweile habe ich mich mit diesem Gedanken abgefunden, nein, sogar angefreundet.

Abends im Zelt werfe ich immer wieder einen Blick auf die Karten und meine mit Bleistift eingetragene Route durch die Gobi. Obwohl ich innerlich schon die Wanderung beendet habe, versuche ich mir einzureden, dass es noch weiter geht. Ich vertage die endgültige Entscheidung auf morgen, wenn ich Bayanlig erreiche. Ich werde es davon abhängig machen, wie ich mich körperlich fühle und wie es um meine Motivation steht, was ich an Essen und Trinken vor Ort kaufen kann und ob mir jemand sichere Auskunft über den weiteren Streckenverlauf geben kann. Am besten wäre es, ich treffe jemanden, der des Englischen mächtig ist.

In der Nacht decke ich mich komplett mit meinem Daunenschlafsack zu. Mit fünf Grad wird es die kälteste Nacht in der Gobi. Die Sterne flackern hell am Himmel. Der nächste Tag wird wieder klar und warm werden.

15. Wetten, dass ...?

Tiefer in die Gobi hinein und zurück nach Ulaanbaatar

Vor 51 Tagen bin ich zusammen mit Frank am Südufer des Baikalsees in Sibirien gestartet. 1800 Laufkilometer liegen zwischen dem größten natürlichen Trinkwasserreservoir der Erde und der Gobi, eine der größten Wüsten der Welt.

Der Canyon liegt noch im Schatten der schroffen Felswände, die ihn einrahmen. Obwohl die Sonnenstrahlen den schmalen Bergeinschnitt nicht erreichen, ist die Lufttemperatur mit 20 Grad angenehm warm an diesem späten Morgen. Gestern, im orangefarbenen Schein der untergehenden Sonne, war die Luft wie verzaubert, so rot wurde das Licht von den hellen Felsen reflektiert. Selbst ohne dieses Licht beeindruckt mich die Enge. Die brüchigen Felskanten hoch über mir sehen wie steinerne Skulpturen aus, als hätte ein Bildhauer versucht, ihnen neue Gestalt zu geben.

Nach einer Stunde hört der Canyon abrupt auf, als wolle mich der Gobi Altai förmlich in die öde, platte Kieswüste ausspucken. Etwa 40 Kilometer weiter erstreckt sich ein niedrigerer Gebirgszug, dazwischen liegt ein riesiges, weites Tal. Ungefähr in der Mitte davon, wo es seine niedrigste Stelle erreicht, erkenne ich undeutlich die Umrisse eines Ortes. Das muss Bayanlig sein.

Ein weißer, von der starken Sonne ausgeblichener, gehörnter Kopf eines wilden Widders schmückt einen großen, steinernen Owoo. Drei Steine, drei Umrundungen und ein Dank an die Wüstengötter dafür, dass ich es heil vom Baikalsee bis in die Gobi geschafft habe. Nach dieser kleinen Zeremonie gehe ich weiter auf Bayanlig zu. Drei große Kamele beäugen mich neugierig am Pistenrand. Ich mache noch einige Fotos von und mit ihnen und sehe mein Ziel mal wieder nicht näher kommen. Wieder habe ich Franks Stimme im Ohr: „Denk in der Mongolei immer daran: Alles ist drei Mal weiter weg, als es aussieht."

Vor zwei Stunden hat mich das Gebirge ausgespuckt, und seitdem habe ich den Eindruck, mich auf der Stelle zu bewegen. Ich werfe einen Blick zurück und will es nicht wahrhaben: Die zurückgelegte Strecke sieht verschwindend gering aus. Vor mir liegt bestimmt noch das Doppelte. Zum Glück habe ich Zeit. Ich setze mich auf meine Schlafmatte, esse und trinke und sauge die Wüste in mich auf. Einerseits bin ich eins mit ihr und von weitem nicht zu erkennen. Andererseits kämpfe ich gegen sie an, denn der Mensch kann nur unter besonderen Bedingungen in dieser lebensfeindlichen Welt überleben und leben. Alles Leben hängt vom Wasser ab. Nirgendwo ist dies begreifbarer als in der Wüste.

Bayanlig kommt jetzt doch schneller näher, als ich vom Standpunkt meiner Pause aus gedacht habe. Die Umrisse des Sumzentrums werden immer deutlicher. Einige wenige mehrstöckige Plattenbauten überragen alle übrigen kleinen Häuser und die Jurtensiedlungen, die außerhalb des Zentrums liegen. Ich folge der Piste bis in den Ortskern und laufe Schulkindern in die Arme, die mich auf Schritt und Tritt verfolgen. Einige ganz Clevere rufen mir immer wieder „What`s your name?" oder „Where are you from?" zu. Gebe ich ihnen auf Englisch eine Antwort, kichern sie und fragen mich dasselbe noch einmal. Eigentlich hatte ich in diesem Ort gehofft, jemanden zu finden, der Englisch spricht, aber bei dem, was ich von den Schulkindern zu hören bekomme, brauche ich mir kaum Hoffnungen zu machen, dass mir der Englischlehrer der hiesigen Schule eine große Hilfe sein kann. Egal – was ich jetzt erst mal brauche, ist ein kaltes Bier.

„Pivo, chan bän wäh?", frage ich einige Jungs nach Bier, denn ich glaube, dass sie am ehesten etwas mit meiner

Frage anfangen können. Sie begleiten mich von einem kleinen Lebensmittelladen zum nächsten, die wie überall in der Mongolei gleich aussehen und auch das Gleiche anbieten. Im dritten Laden haben wir dann endlich Erfolg. Auch wenn das Bier nicht besonders kalt ist, kaufe ich mir zwei Dosen, gehe – gefolgt von der Kinderschar – nach draußen und finde im Schatten eines Hauseingangs einen geeigneten Platz, um das Bier zu genießen.

„Prost“, rufe ich den kichernden Mädchen zu und setze zum Trinken an. Gebannt schauen die Jungs mir zu, kommen ganz nahe an mich ran, als wollten sie etwas von dem leckeren Gerstensaft abhaben. Aber sie sind noch viel zu jung, um mit mir anzustoßen. Genüsslich trinke ich alleine weiter, unter steter Beobachtung der mindestens fünfzig Schulkinder, die im Halbkreis um mich herum stehen.

Die Kinder bringen mich zur Schule, die ans Zentrum anknüpft und nur wenige hundert Meter entfernt liegt. Der Direktor, ein Mann um die fünfzig Jahre, bittet mich in sein bescheidenes Büro. Ich solle doch auf dem Sofa Platz nehmen, sagt er, verlässt noch einmal sein Büro und kommt mit schwarzem Tee, Zucker und einigen Plätzchen der Marke „Disco“ zurück. Englisch spricht er nicht, aber mit chemischen Formeln kennt er sich aus. Lächelnd zeigt er mit dem rechten Zeigefinger auf meinen Rucksack, wo die Formel H2O für Wasser steht.

„Ja, Os – Wasser“, bestärke ich seine Aussage und zeige ihm das Trinksystem.

Der schwarze Tee schmeckt gut, auch ohne viel Zucker, den mir der Direktor immer wieder anbietet. Wir reden kaum und ich merke, dass er auf die Unterstützung seiner Kollegen wartet, die dann auch nach der ersten getrunkenen Tasse Tee kommen. Zwei Lehrerinnen und vier Schülerinnen gesellen sich zu uns. Keine spricht Englisch. Anhand der Karte erkläre ich ihnen meinen ursprünglichen Plan der

Wanderroute. Die Piste bis zum nächsten Ort Bogd Süd im Osten beträgt ungefähr 140 Kilometer. Angeblich gibt es noch zwei oder drei Ails auf dem Weg bis dorthin, aber mit hundertprozentiger Sicherheit kann mir das keiner der Lehrerinnen sagen. Und wie es von dort aus weiter nach Süden hinein in den Gurvansaikhan National Park zum Ort Sajanshand mit Hirten aussieht, wissen sie erst Recht nicht.

Ein mongolischer Mitarbeiter des Reiseunternehmens in Ulaanbaatar, der sich in dieser Gegend etwas auskennt, hatte mir gesagt, dass es auf den ungefähr 150 Kilometern zwischen Bogd Süd und Sajanshand keine Wasserstellen, geschweige denn Hirten, gebe. Es sei sehr riskant, sich alleine und zu Fuß in dieses Gebiet vorzuwagen.

Mir fällt die Entscheidung nicht leicht, aber ich beschließe im Büro des Direktors endgültig, dass ich in Bayanlig nach 1800 Kilometern meine Wanderung beende. Das Wagnis, weitere 600 Kilometer durch die Kieswüste zu laufen, ist mir viel zu groß. Für eine reine Wüstendurchquerung bin ich definitiv zu schwer ausgerüstet, vor allem aber habe ich viel zu viel Kraft verloren. Gesundheitlich habe ich mich seit der Nordmongolei nicht erholen können und seit unserem Start am Baikalsee über zehn Kilogramm an Gewicht verloren. Eben dieses Gewicht brauche ich unbedingt, um einen Rucksack zu schleppen, der 35 bis 40 Kilogramm schwer ist und mit dem ich dann auch noch über 40 Kilometer pro Tag zurücklegen kann, um die Distanzen zwischen den Orten, die immer weiter von einander entfernt liegen, zu meistern. Nur noch wenige Nomaden finden mit ihren Herden in der Wüste die notwendigen Lebensgrundlagen und wandern nicht in die Ortschaften ab, um dort ihr Glück zu suchen.

Puujee, die 28 Jahre junge Englischlehrerin, kommt verspätet zu unserem Treffen im Büro ihres Chefs. Sie ist schlank, hat ein rundes, hübsches Gesicht und schwarze, schmale Mandelaugen. Ihre dunklen, glatten Haare sind nach hinten zu einem Pferdeschwanz gebunden. Sie nimmt sich meiner an und begleitet mich zur Post. Ich telefoniere mit meiner jüngeren Schwester Helene, der ich berichte, dass ich die Reise hier im Nordteil der Gobi beenden werde.

Puujee nimmt mich mit nach Hause. Sie wohnt etwas außerhalb von Bayanlig zusammen mit ihrer kleinen Familie, einem Mann, einer zweijährigen Tochter und ihrer 14-jährigen Schwester Boler, in der Jurtensiedlung. Die verwandtschaftliche Ähnlichkeit zu Boler ist kaum zu übersehen. Puujees Mann ist nicht anwesend. Er ist Goldhändler. Einige Stammkunden bringen ihm regelmäßig Gold, zumeist in Form von Goldstaub, nach Hause. Er bezahlt ihnen einen festgesetzten Preis, und wenn er genug Gold zusammen hat, reist er mit seinem Jeep nach Ulaanbaatar, um es dort weiter zu verkaufen.

Es ist Freitag, und auch Puujee fährt noch mal fort. Lehrerkollegen holen sie zu einem Ausflug in die Wüste ab. Weil ich ihr gesagt habe, dass ich nicht weitergehe, sondern von hier aus zurück in die Hauptstadt fahren möchte, verspricht sie mir, sich um eine Fahrgelegenheit zu kümmern. Vielleicht kann ich morgen schon mit einem Kleinbus zurückfahren, sagte sie.

Boler und einige Freundinnen kümmern sich derweil rührend um mich. Sie zeigen mir den Brunnen, an dem Kamele und Ziegen trinken und die Dorfbewohner ihr Wasser holen. Ich helfe ihnen, die großen Blechkannen zu tragen, die wie die Milchkannen aussehen, in denen die Bauern in Deutschland vor 30 Jahren ihre Milch direkt nach dem Melken der Kühe aufbewahrten. Wegen des Goldes und des Geldes, das ihr Onkel in einem verschlossenen Kästchen aufbewahrt, welches wiederum in einer verschließbaren Truhe liegt, hat Boler das Ger abgeschlossen, bevor wir zum Brunnen gingen. Zurück in der Jurte, die hinter einem Bretterzaun aufgestellt ist, wasche ich mich innerhalb der Umzäunung, während Boler ein Abendessen aus Reis und Fleisch zubereitet. Sie kocht so gut, dass mir das mongolische Essen nach langer Zeit wieder schmeckt. Eine ordentliche Prise Salz kann einen Riesenunterschied machen!

Obwohl Puujee die Sprache unterrichtet, ist ihr Englisch nicht berauschend. Kein Wunder also, dass ihre Schwester Boler nur wenige Wörter und einfache Sätze versteht. Ein Wörterbuch für Englisch und Mongolisch hilft uns ein wenig bei der Kommunikation.

Weil es sich bei diesem Ger um ein festgebautes Ger handelt, das nicht wie bei den auf dem Land lebenden Nomaden ständig wegen der Weidewechsel für das Vieh auf- und abgebaut wird, gibt es einen Vorbau aus blau angestrichenen Blechplatten, der dem eigentlichen Eingang vorgelagert ist und separat verschlossen werden kann. Das Innere des Gers ist mit einem feinen Holzboden ausgelegt, und die Ausstattung ist etwas größer als bei den meisten Jurten auf dem Lande. Ansonsten unterscheiden sie sich kaum und sind nach wie vor noch sehr traditionell bestückt.

Boler wäscht in einer blauen Waschschüssel dreckige Kleider, überwiegend Kinderkleidung ihrer jungen Kusine, die ebenfalls nicht da ist, weil sie wegen des Lehrerausflugs bei Verwandten weilt. Ich sitze auf dem Sofa und schreibe in mein Reisetagebuch. Plötzlich torkelt ein betrunkener Mongole mittleren Alters herein, ohne vorher angeklopft oder sich anders bemerkbar gemacht zu haben. Er ist meinetwegen hier und kommt direkt auf mich zu. Boler wird wütend und brüllt ihn laut an. Sie will, dass er verschwindet. Der Mann hört nicht, steht torkelnd und mit einer üblen Schnapsfahne vor mir und wiederholt immer wieder die Geste zum Fotografieren, indem er beide Hände in Augenhöhe hält, Zeigefinger und Daumen zu einem Rechteck formt und „Klick, klick“, sagt.

Ich bin froh, dass Boler so energisch bleibt und es schafft, den Betrunkenen aus dem Ger zu verjagen. Zweimal kommt er noch wieder, bis er merkt, dass ich kein Interesse daran habe, ihn zu fotografieren. Für den Rest des Abends haben wir Ruhe.

Puujee kommt spät und hat ihre kleine Tochter abgeholt. Ihr Mann kommt erst um Mitternacht mit dem Motorrad angefahren. Ausnahmsweise war er bei einem Klienten, um eine größere Menge Gold einzukaufen. Leider hat er noch nicht so viel Gold beisammen, dass sich für ihn eine Fahrt mit seinem Jeep nach Ulaanbaatar lohnen würde. Insgeheim hatte ich auf eine angenehme Rückreise gehofft.

Am nächsten Tag sagt Puujee, dass um die Mittagszeit ein Bus nach Bayankhongor fahren werde. Meine Gastgeberin hat mir diese Fahrgelegenheit besorgt, die mich 8000 Tugruk kosten wird. Ab dem Aimakzentrum könne ich dann mit einem der Fahrer in seinem PKW weiter in die Hauptstadt fahren. Ich bin froh und mache meinen Rucksack reisefertig. Um ein Uhr erhalten wir die Nachricht, dass der Bus erst irgendwann am Nachmittag losfährt.

Um fünf Uhr ist es dann soweit. Ich verabschiede mich von der Lehrerin und ihrer Familie und steige in den Bus ein. Mein Rucksack kommt auf das übrige Gepäck, das im Kofferraum verladen ist und fast bis zur Decke reicht. Es handelt sich um einen der roten Kleinbusse, die für acht Personen ausgelegt sind. Tatsächlich sitzen wir zu viert gequetscht auf der hinteren Bank. Ich bin der letzte, der zusteigt, und bekomme einen Platz zwischen zwei jungen Mongolen angewiesen. Das Sitzpolster besteht aus drei separaten Sitzen. Ich habe Pech und sitze während der ganzen 14 Stunden langen Busfahrt genau auf dem Metallzwischenteil. Als Nackenlehne dient mir ein breites Holzbrett, das einer der Insassen für die Herstellung von Aarol mitgenommen hat. Der Bus quält sich die Piste ins Gebirge hinauf, und ich merke schon nach wenigen Kilometern, dass Wandern in der Mongolei angenehmer ist als Bus fahren. Das Brett knallt mir bei jeder Unebenheit in den Nacken. Mein Hintern tut auch weh. Bisher folgen wir dem Weg, den ich vor wenigen Tagen noch in entgegengesetzter Richtung gegangen bin. Erst als wir die Hochebene erreicht haben, fahren wir auf einer nicht zu erkennenden Piste weiter. In diesem Teil des Gobi Altai fließt ein kleines Rinnsal. Einige Gers stehen verteilt auf der kargen Steppe. Und als ob wir nicht schon genug Passagiere wären, halten wir an einem Ger und nehmen noch zwei weitere Personen, eine junge Frau mit ihrem vielleicht zehnjährigen Sohn auf. Irgendwie quetschen sie sich mit ihrem Gepäck, das zum Glück nur aus zwei kleinen Reisetaschen besteht, noch in den mittleren Bereich des Busses. Irgendwann einmal habe ich bei „Wetten, dass …“ eine Wette gesehen, bei der sich möglichst viele junge Menschen in eine Ente reinquetschen sollten. Weit davon sind die Mongolen im Beladen ihrer für den Personenverkehr eingesetzten Busse nicht entfernt.

Um halb sieben in der Früh erreichen wir Bayankhongor. Der Bus hält direkt vor der Post. Dort ist auch der Busbahnhof. Rechts daneben ist ein kleines Hotel, an dem ich vor über einer Woche auf dem Weg zum Internet in der Post immer wieder vorbeigegangen bin. Es ist mit 5000 Tugruk die Nacht wesentlich günstiger als mein erstes Hotel in dieser Stadt. Die Zimmer sind moderner ausgestattet und heller. Dass es selten Strom und fließend Wasser gibt, hat nicht der Hotelbesitzer zu verantworten. Zu meinem großen Glück stelle ich fest, dass es Frikadellen mit Nudeln und Salat im Restaurant gibt.

Einer der Fahrer des Busses verspricht mir, mich am nächsten Morgen mit seinem Auto abholen zu kommen, um damit nach Ulaanbaatar zu fahren. 20 000 Tugruk soll ich dafür zahlen. Ich hoffe, dass die Autofahrt angenehmer wird als die Busfahrt und verbringe den restlichen Sonntag auf der Post im Internet und im Bett.

Irgendwann in der Nacht fängt es stark zu regnen an. Als ich am nächsten Morgen aufwache, regnet es immer noch. Alles in Bayankhongor steht unter Wasser. Bürgersteige, Straßen und Plätze haben sich in große Seen verwandelt. Jemand klopft an meine Hotelzimmertür. Ich öffne sie und zwei Männer kommen herein. Ich kenne sie. Einer von ihnen ist der Fahrer des Busses von gestern, der mich heute mit seinem PKW weiter mitnehmen soll, und der andere Mann saß im Bus neben mir. Er ist groß und kräftig, Mitte 30.

„Ich kann nicht nach Ulaanbaatar fahren", beginnt der Busfahrer das Gespräch. „Es hat viel zu viel geregnet. Für mein Auto sind die Straßen unpassierbar. Aber um ein Uhr fährt ein Bus nach Ulaanbaatar. Er fährt auch mit" und zieht den anderen Mann näher. „Er kommt dich später abholen. Der Bus fährt dort los, wo wir gestern angekommen sind. 15 000 Tugruk kostet die Fahrt."

Kurz vor ein Uhr kommt mich der große Mongole abholen. Es regnet immer noch Bindfäden, die Straße steht unter Wasser. Aber der Kleinbus steht startbereit da. Wir kriechen auf die hintere Bank, auf der schon zwei Mongolen Platz genommen haben. Es sind junge Kerle, etwa zwanzig Jahre alt. Einer der beiden Fahrer kassiert schon mal das Geld, und eine Viertelstunde später ist der rote Kleinbus mit zwölf Personen ausgefüllt. Es geht los. Allerdings erst mal durch den Ort, zwei Stunden fahren wir durch das Aimakzentrum und nehmen noch vier weitere Leute auf. Jetzt sitzen wir mit 16 Personen in einem Bus, der über acht reguläre Sitze verfügt. Das übertrifft sogar noch die Fahrt von Bayanlig nach Bayankhongor, und dabei ist die vor uns liegende Strecke viermal so lang. Gegen drei Uhr stehen wir wieder vor der Post. Der Regen prasselt beharrlich auf das Dach des Busses.

Einer der jungen Kerle neben mir zwängt sich an uns vorbei, rennt schnell durch den Regen und über Pfützen in einen Lebensmittelladen hinein. Keine fünf Minuten später sitzt er wieder neben mir, lächelt mich an und holt zwei Flaschen Wodka aus einer Plastiktüte hervor. Ein anderer hat schnell eine Porzellantasse zur Hand und schon geht die erste Runde Wodka um. Wer nicht trinken will, der nippt wenigstens mal an der Tasse oder fährt mit zwei Fingern hinein, um den Wodka geschickt in alle vier Himmelsrichtungen zu schnippen. Jetzt kann es endlich losgehen. Die zweite Tasse Wodka wird herumgereicht.

„Wodka gut", prostet mir der junge Mann neben mir zu, nimmt einen kräftigen Schluck und füllt die Tasse randvoll. Mit einem kräftigen Schulterklopfen zur Bestätigung der mongolisch-deutschen Freundschaft reicht er mir die Tasse, aus der wegen der Schlaglöcher ständig etwas überschwappt. Ich trinke die Tasse leer und ernte noch mehr Schulterklopfen und freundliche Worte von allen, die mit in dem Bus sitzen. Bis auf die beiden Fahrer trinken alle mit. Mindestens drei müsse ich trinken, deutet mir der Mongole mit der Wodkaflasche an. Gut, die nächste Runde nehme ich noch, dann ist aber Schluss, denke ich und kippe das Zeug in meinen Rachen. Alle sind begeistert. Wenn ich nun gedacht habe, dem Alkohol nach der dritten Tasse entfliehen zu können, dann habe ich falsch gedacht. Obwohl die zweite Flasche Wodka mittlerweile leer ist, zaubert ein Mongole vor uns die nächste hervor. Diesmal schwimmt sogar Blattgold als besonderer Zusatz in der Flasche. So geht es die ersten vier Stunden weiter, bis sechs oder sieben Flaschen geleert sind und die beiden jungen Mongolen neben mir betrunken einschlafen. Für die nächsten sechs Stunden diene ich als Schlafstütze. Wie ein Verliebter seinen Kopf an seine Geliebte zum Schlafen neigt, lehnt der Mongole, der die ersten beiden Flaschen Wodka spendiert hat, an meiner Schulter. Ich mache kein Auge zu. Die Fahrt zieht sich unendlich. Die Pisten sind holprig, der Fahrstil des Fahrers auch. Alle vier bis fünf Stunden halten wir und legen kurze Pausen ein. Entweder kehren wir in ein Ger ein, wo wir eine warme Mahlzeit bekommen und im Fernsehen Sumoringen schauen, oder wir halten irgendwo in der Steppe, weil einer zur Toilette muss. Als es stockdüster ist, sehe ich viele kleine Lichter. Wir sind kurz vor Arvaykheer, dem nächsten Aimakzentrum. Eine junge Frau steigt hier aus, und wir haben etwas mehr Platz im Bus. An einer Tankstelle tanken wir Diesel, und in einem Guanz kehren wir für eine warme Mahlzeit ein. Es gibt wahlweise Suppe, Glasnudeln oder Reis mit Gulasch. Die nächsten Stunden döse ich vor mich hin. Die dunkle Steppenlandschaft zieht nahezu unsichtbar an den kleinen Fenstern vorbei. Viel erkenne ich davon nicht. Die letzten 150 oder 200 Kilometer bis zur mongolischen Hauptstadt sind geteert.

Im Osten geht die Sonne auf. Langsam wird es hell. Dann erkenne ich die Straße wieder, die ich vor einigen Wochen aus Ulaanbaatar herausgegangen bin. Wir fahren vorbei am Flughafen und am Kraftwerk. So früh am Morgen gibt es nur wenig Verkehr. Auf dem Busbahnhof stehen mehrere der roten Kleinbusse. Unsere kleine Reisegruppe löst sich schnell auf, und ich nehme mir ein Taxi in die Innenstadt. Im Hotel Zaluuchuud erkennt mich die sympathische Dame an der Rezeption wieder, die so gut Deutsch spricht. Endlich kann ich schlafen und mich ausruhen.

Dem Internet entnehme ich eine Nachricht, die mich an meiner Leidensfähigkeit und Kraft zweifeln lässt. Reinhold Messner hat sich zu seinem 60. Geburtstag einen Traum erfüllt und die mongolische Gobi der Länge nach von Ost nach West durchwandert. Für die ungefähr 2000 Kilometer lange Strecke durch erbarmungslos öde Kieswüste hat er gerade mal 32 Tage gebraucht. Das wären über 60 Kilometer Laufleistung pro Tag, und das mit zum Teil 40 Kilogramm Gepäck auf dem Rücken – eine unvorstellbare Leistung! Zuerst verschlägt mir diese Nachricht den Atem, und ich bin fassungslos, dann lese ich, dass er sich auf einigen Strecken von Jeeps und LKWs hat mitnehmen lassen oder auch mal ein Pferd geritten hat.

Ich finde es immer wieder erstaunlich, wie schnell Strapazen und Anstrengungen vom menschlichen Gehirn verarbeitet werden – und die Abenteuerlust sich zurückmeldet. Aber wer einmal die Wüste zu Fuß erlebt hat, den lässt sie so schnell nicht wieder los!

Ohne die enorme Gastfreundschaft, die in kaum einem anderen Land größer sein kann als in der Mongolei, wäre diese Wanderung nicht möglich gewesen. Deshalb gilt mein ganzer Dank den vielen Mongolen, die mich auf dem langen Weg vom Baikal in die Gobi unterstützt haben, ohne irgendeine Gegenleistung zu verlangen, als sei es das Normalste der Welt.

Wanderroute

Mit-reisend

Markus Fix / Sarah Pendzich

Radnomaden

Mit dem Fahrrad nach China

Band 5609

Ein faszinierender Bericht über die Begegnung von Orient und Okzident. Über Reiselust und Reisefrust – vor allem aber eine atemraubende Entdeckungsreise. Ein Lesevergnügen ersten Ranges.

Freunde in der Fremde

Reisegeschichten aus aller Welt

Hg. von Markus Fix

Band 5695

Witzige, haarsträubende, berührende, spannende Geschichten, die die Sicht auf die Welt verändern und Lust auf Reisen und Fremdes machen.

Britta Petersen

Wo die Götter leben

Alltag und Religion in Indien. Eine Reise

Band 5717

Britta Petersen trifft Gläubige, geistige Führer und spirituelle Touristen, besucht Wallfahrtsorte und trifft auf wahre Vergeistigung, Machtansprüche, Aberglauben und Kuriosa. Eine faszinierende Reiseerzählung.

Michaela M. Özelsel

Pilgerfahrt nach Mekka

Meine Reise in eine geheimnisvolle Welt

Band 5542

Michaela M. Özelsel schildert ihre Erfahrung der uralten Rituale. Ihr faszinierender Bericht beschreibt auch eine Reise ins eigene Innere – jenseits der Grenzen religiöser Tradition.

Stefanie Schönborn-Aich

Auf den Spuren der Pilger

Mein Weg nach Santiago

Band 5811

Zu Fuß nach Santiago. Von Südfrankreich über die Pyrenäen führt der Jakobsweg. Grenzen werden überschritten. Gehen wird zum Meditieren, der Weg zum Ziel. Ein leises, starkes, packendes Buch.